いつ始めればいいか？

願いがかなう
目標が実現する

Time Direction

「運のいい日」がわかる本

柳川隆洸 Ryukou Yanagawa

日本実業出版社

はじめに

この本を手にとってくださり、ありがとうございます。

最初に、とても使い古された質問ですが、あえてお聞きします。

今、あなたは自分が「運がいい」と思いますか？　それとも「運が悪い」と思いますか？

書店に行けば、こうした質問をする本をよく見かけますが、その後には決まって、

「運がいいと思わない限り、あなたの運が良くなるわけがない！」

といった記述が続いたりします。

本書では、そのような精神論をお伝えしたいわけではありません。単純に、

「今、あなたは生きていて楽しいか？」

「楽に生きることができているのか？」

「いろいろなご縁で物事がドンドン発展しているのか？」

という視点で、現在の運の良し悪しを、率直にパッと思い浮かべてほしいのです。

さて、いかがだったでしょうか？

運がいいと感じても、運が悪いと感じても、どちらであっても恥ずべきことはありません。今、この場でしていただきたいのは、**あなたの現状を見つめ、それを素直に認識すること。それだけでいいのです。**

もし、あなたが「運がいい」と感じているなら、その状態をキープし、運をさらにより良くしたいと思うはずです。

一方、もし、あなたが「運が悪い」と感じているなら、その状態を断ち切り、「運のいい人」になりたいと願うはずです。

本書では、この2つの希望、どちらも叶えることができる「タイムディレクション」という技法をお伝えいたします。

タイムディレクション――。多くの人にとって聞き慣れない言葉ですから、少し補足しますね。これは、「時間」を味方にして未来をコントロールすることを可能にする特別なテクニックです。

そのテクニックは、古くから「帝王学」の1つとして重宝されており、4000年以上の歴史をもつ「占星術」がベースになっています。

占星術は、宇宙に浮かぶ水星や金星といった10個の天体の動きから人生を占う西洋占星術や、一白・二黒・三碧・四緑・五黄・六白・七赤・八白・九紫といった九星をもとに運勢を読む九星気学などの東洋占星術が有名です。

最も馴染みがある占星術としては、12星座占いが最初に思い浮かぶと思います。ですが、「占星術」と「12星座占い」は、じつはまったくの別物です。

占星術は4000年という長い年月で蓄積されたビッグデータから統計をとり、多くの研究者の知性と努力で体系化されたアカデミックな学問になります（残念ながら、現代では占いというオカルト的な存在に分類されてしまうのも事実ですが……）。

ただ、「な〜んだ。オカルトの内容か……」と本書を閉じてしまうのは、とてももったいない行為です。

なぜなら、最初にお伝えした、「時間」を味方にして未来をコントロールすることができる「効果的なツール」を得るチャンスを捨ててしまうことになるからです。

私は縁あって占星術の知識を学び、ビジネスや人間関係に大いに活用してきました。その結果、自分の実力だけでは到底なしえなかったビジネスでの大きな発展を経験したり、人生をより楽しく、自分らしく生きることができるようになっています。

その経験を活かし、これまで、誰もが知っている著名人や経営者など、各界のリーダーを含む1000人以上の方々に占星術のセッションをしてきました。

その結果、ご依頼いただいた方の人生を分析すると、大きく2つのパターンに分けることができることに気づきます。

1つは、「生きるのが楽しい！」と思っている人。そしてもう1つは、「生きているのが、ちょっと辛い……」と思っている人。

私のセッションでは、その方の過去に起きた人生イベントと星のリズムが合っているかを検証し、未来の傾向もお伝えします。

すると、「生きるのが楽しい！」と思っている人は、過去の人生が驚くほど星のリズムと一致しているのです。

さらに、これから予定されている将来の人生イベントも、私が占星術で未来予測をしたとおりのスケジュールで計画されているのです。

一方、「生きているのが、ちょっと辛い……」と思っている人は、星のリズムから脱線した生き方をされているケースがほとんどです。たとえば、「来月に転職しようと思っています」といった未来の人生イベントも、星のリズムから見ると、とても実行をお勧めできないタイミングで相談してくるのです。

「運の良し悪し」は「タイミングの良し悪し」につながると考えています。

運がいい人は「タイミングのいい人」が多く、運が悪い人は「タイミングの悪い人」が多い。つまり、「間のいい人」と「間の悪い人」がいるということです。

最初にあなたにお聞きした質問、「運がいい」と思うか「悪い」と思うかですが、これは「あなたは間のいい人ですか？　それとも間の悪い人ですか？」に言い換えることもできます。

占星術をベースにしたタイムディレクションは、この「間の悪さ」を解消するセラピー的な役割をしてくれます。

「私は運のいい人生ですよ」という方も、その状態を維持したくありませんか？というのも、私のもとには、ビジネスで大成功し、家庭もまったく問題ないのに相談に来られる方もたくさんおられます。

「なぜ自分がこんなに運がいいのかわからない。この状態はいつまで続くのか。どうすれば継続できるのか、その方法を教えてほしい」

そう依頼されることも珍しくありません。運がいい人にも、多かれ少なかれ未来を案じる気持ちがあるのですね。

運のいい人も、本書で解説しているタイムディレクションの知識があれば、これからの人生を歩むうえで、タイミングを大きく踏みはずす心配を取り除き、自信を持ってそのまま発展の人生を歩んでいただけるようになります。

また、誰の人生にも、「大切な日」がいくつかあります。

大好きな人との結婚や心機一転の引っ越し、夢に溢れた会社の設立や、一世一代の勝負に挑む新製品の発表……。

たくさんの時間とお金と労力を注いだからには、あなたの夢や希望をのせたビッグイベントは、なにがなんでも成功させたいはずです。

このような「大切な日」についても、タイムディレクションは威力を発揮し、夢実現の後押しをしてくれます。

紀元前300年頃に活躍した中国の儒学者である孟子は、**大事を成すには、「天・地・人」という3つの成功パーツを揃える必要がある**と説いています。

「天・地・人」という言葉は聞いたことがあるという人は多いかもしれませんが、これは、「天の時」「地の利」「人の和」の略です。

「地の利」は土地の優位性。「人の和」は自分自身や仲間の存在。「天の時」は「宇宙のタイミング」を指します。

「地の利」や「人の和」は目に見えるので、ある程度イメージがわきますが、「天の時」は目に見えない、「宇宙のタイミング」を理解しないとうまくつかむことができません。

この難題を解決してくれるのが「タイムディレクション」なのです。

この本を読み終える頃には、最良のタイミングをつかみ、他の誰よりも物事を有利に運ぶことができるようになっているでしょう。

あなたが時間を味方にして未来をコントロールする「タイムディレクター」として、人生をより良く発展させ、社会でさらに活躍されることを心よりお祈りしています。

なお、本書をご購入いただいた方への特典として、タイムディレクションをする時にとても便利なカレンダーがダウンロードできる「本書専用サイト」をご用意しました（巻末付録の袋とじページ参照）。こちらもぜひご活用ください。

いつ始めればいいか？
願いがかなう・目標が実現する「運のいい日」がわかる本

chapter 1
スタート日を見れば「未来」がわかる

chapter 2

目標は「時のリズム」に合わせて計画しよう

chapter 3

スタートに良い日、スタートに適さない日

chapter 4

テーマ別に見る「スタートに良い日」の探し方

chapter 5

「スタートに適さない日」を逆手に取る方法

chapter 6

「時の流行」を押さえれば時代の後押しがある

カバーデザイン／井上新八
本文デザイン／斎藤 充（クロロス）
袋とじDTP／一企画

chapter 1

スタート日を見れば「未来」がわかる

「生まれた日」にはたくさんの情報がつまっている

創業記念日から「会社の行く末」がわかってしまう！

占星術で最も大切な情報は「生まれた日」です。

人が生まれた瞬間の天体（月・水星・金星・太陽・火星・木星・土星など）の配置から、

- 才能や能力
- 人生の傾向
- 行動を起こす時のクセ

など、その人が持って生まれた様々な情報が詰め込まれた「人生の設計図」を読み

ホロスコープは「人生の設計図」

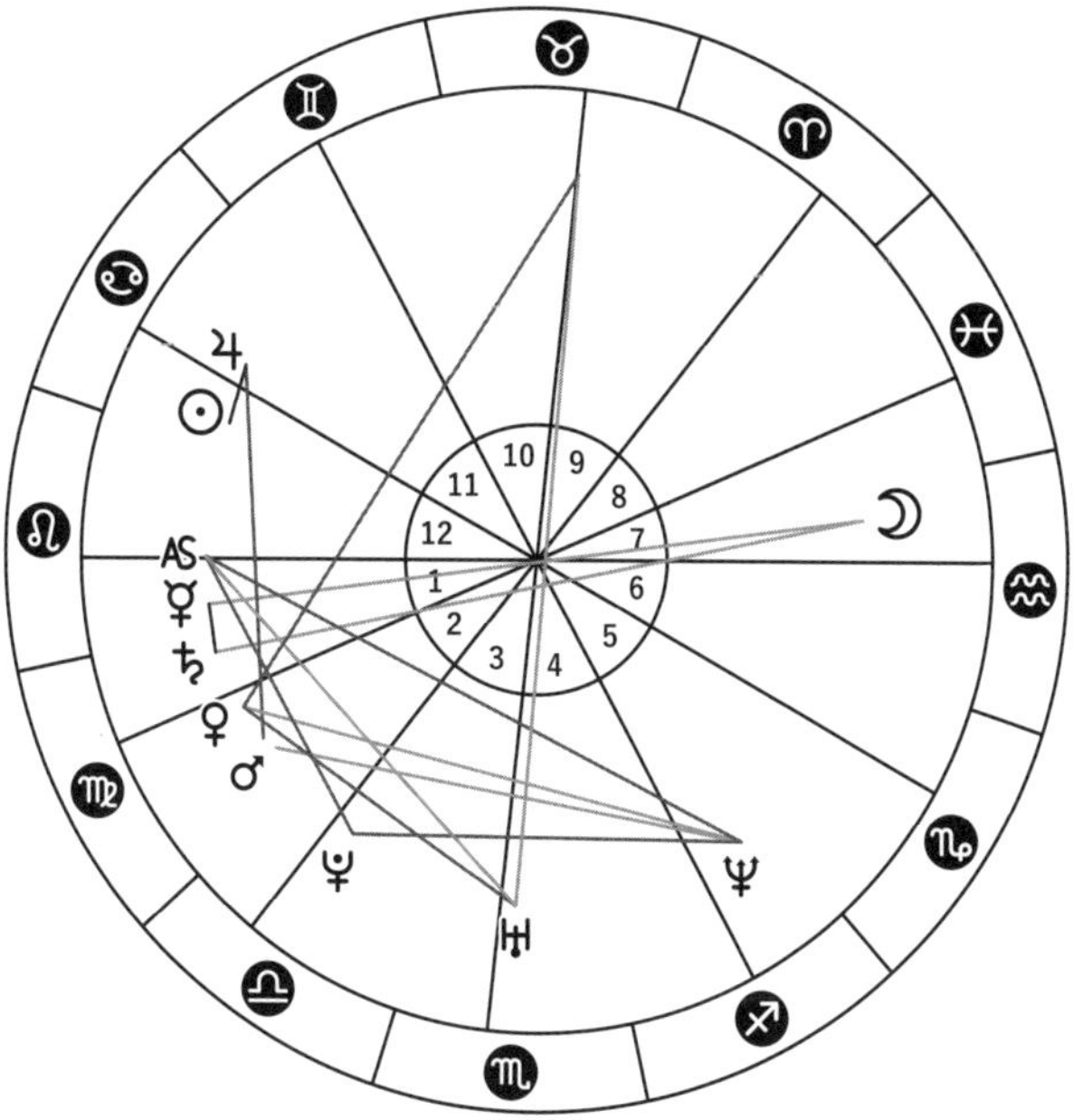

テレビの情報番組や雑誌でおなじみの12星座占いは、「太陽の位置がその星座にあった」という、太陽の位置だけに焦点を当てたもの。ほかの天体はまったく考慮されていませんから、アカデミックな学問である占星術の理論でいえば、12星座占いと占星術はまったくの別物といえます。ホロスコープは、その人が生まれた瞬間の複数の天体の配置から様々な情報を読み込む「人生の設計図」。その人の資質にまつわる内容が多面的に浮かび上がってきます。

取ることができます。
これが、いわゆるホロスコープと呼ばれる円形の図形です。
誕生日から導き出す設計図は、人間だけでなく、あらゆる物事の「生まれた日」においても導き出すことができます。

会社やお店、もっと壮大なものだと国家なども、生まれた日（法人登記日や独立祈念日など）がわかれば、設計図であるホロスコープをつくり、それをリーディングすることによって、様々な情報を知ることができます。

たとえば、お店がオープンしたその瞬間のホロスコープを見ることで、そのお店がどのような傾向で今後発展しやすいのか、はたまた当初想像していたほどの売上にはならないのではないか……ということも、ある程度は予測できます。

それほど物事の「生まれた日」には、たくさんの情報が含まれているのです。

2 直感力がない普通の人は「知識」を身につければいい

大安に結婚しても「大安」とは限らない？

人生にはたくさんの「生まれた日＝スタート日」があります。

引っ越し（転居日）や結婚（入籍日）といった日も大切なスタート日になりますし、大口の契約を交わした日（契約日）や高額のビジネススクールの入学を決めた日（申込日）もスタート日になります。

スタートした時のホロスコープの状況が良好なら、その先の結果も良好なものになりやすくなります。

しかし、あまり良好ではない状況だとしたら、その先の結果も少々ネガティブになる傾向があります。

「はじめに」でも書きましたが、運のいい人はタイミング（＝間）のいい人です。

不思議としか言いようがないのですが、運のいい人は、何らかのプロジェクトを始めるにしても、文句のつけようのない最良の日を選んでいて、驚かされることがあります。

興味本位で、「なぜ、その日にしようと思ったのですか？」と聞くと、たいてい、

「なんとなく……」

とお答えになります。

そして、当然というべきか、そのプロジェクトは「大成功しました！」とご報告をいただくことになるのです。

天性の才能なのか、前世でよほど良い行ないをしたのか、「時の力」をうまく活用することが自然とできる人も、世の中には少なからず存在するのです。

そういう人を見分けるのは簡単！

「多くの人に助けられながら、目に見える形でわかりやすく成功している人」がそういう才能を持っている人です。

あなたの周りにも、

「あ〜、あの人はそうかも……」

と感じる人がいるのではないでしょうか？

なぜ「運のいい人」はますます運がよくなるのか？

では、私を含め、「時の力」を活用する能力に恵まれなかった（間の悪い）人たちは、どうすれば良いのか？　もう諦めるしかないのでしょうか……。

もちろん諦める必要はありません。

そうした「ごく普通の人たち」のために、本書でご紹介しているタイムディレクションという手法があるのです。

解決策も、これまた簡単です。

運のいい人が直感で理解している「最良のスタート日」を、私たちは「知識」として身につけてしまえばいいだけのこと！

使う能力が、「直感」か「知識」かの違いだけ。

むしろ、直感を使った判断は、体調の変化など、その日のコンディションでブレることがありますが、知識に基づいた判断は、その日のコンディションによって変化しない再現性のある判断なので、安定的にあなたに「最良のスタート日」を提供します。

ただ、こういう話をした時、真っ先にタイムディレクションの情報に飛びつく人たちがいます。どんな人かわかりますか？

じつは、直感で最良のスタート日を選べてしまう「運のいい人たち」、または「成功者たち」が飛びつくのです。

人が羨むラッキーな人が、ますますラッキーになる構図といえます。

じつは「運がいい人」も漠然とした恐怖と戦っている

億万長者は占星術を信じない。でも大富豪は活用する

運のいい（タイミングのいい）人は、自分が他人と比べて「運がいい」ということを自覚している人が非常に多いです。

事実、普通の成功者とは儲けている数字が2桁くらい違う別格の成功者と話していると、次のような発言がよく出てきます。

「確かに自分はそれなりの努力をしてきたとは思う。でも、それは人並みの努力であり、今の私はちょっと成功しすぎだ。実力よりも運が強すぎる」

こうした人たちは、「運がいい」と自覚しているからこそ、

「この運はいつまで続くのか？」

という漠然とした恐怖と常に向き合うことになります。

また、自分は不思議とタイミングがいいと思いながら、その直感に根拠がないので、

「いつものように自分の勘で勝負に出ても大丈夫なのか？」

と確認作業をしたくなるのです。


こうした人たちに、私がその人のホロスコープを見ながら、

「○○さんが今やろうとしていることと星のリズムはバッチリですね！」

と言うと、満面の笑みで、自信を持ってプロジェクトに邁進する、というケースを何度も見てきました。


これは裏を返すと、成功している人たちは、「時の力やタイミングのよさをあなどってはいけない」と理解している証拠でもあります。

伝説のカリスマ経営者である松下幸之助氏でさえ、インタビューで成功の秘訣を聞

かれたとき「運」と答えたそうです。

また、こういう記事もあります。

「億万長者は占星術を信じないが、大富豪は活用する」

これは、1988年5月15日のニューヨークタイムズのインタビュー記事の中の一文ですが、発言したのはアメリカの金融王として有名な、J・P・モルガン氏です。

「時の力」を軽視する人の特徴

サラリーマン時代の私自身も含め、世の中の多くの人たちは、大富豪の人たちがすぐに飛びつくであろう、「タイミングのいい日を教えますよ」という情報に、うまく反応できません。「眉唾だ」「オカルトだ」と怪訝そうな顔をする人さえいます。

おそらく、今までの人生で「タイミングの良さ」によって恩恵を得たことがあまりないと感じているからなのかもしれません。

加えて、タイミングの価値を知らない人たちのほとんどは、それなりに高い能力を備えています。その能力を日々フル活用しているわけです。

ただ、そうした人は、あまり楽しそうに生きていないようにも感じます。

「何で俺はこんなに頑張っているのに、いつまで経っても成功せず、お金もないんだ」

「何であの娘が結婚できて、私が今も独身なんだろう。私のほうがもてるのに……」

そんな心の声が聞こえてきそうです。


ここで私が改めて申し上げなくても、もうご自分でもわかっているのではないでしょうか。その人たちは「運が悪いだけ」なのです。


努力をしなかったわけでも、能力が劣っているわけでもありません。

まして、成功した人や幸せな人の能力が、ずば抜けて高いわけでもありません。


運には、ご縁の運、才能の運、環境の運、金運など、様々な運が世の中にはあります。すべての運を持ち合わせることができないのに、「運のいい人」はなんとなく波に乗った人生を送っている感じがしますね。

私も「この人は運がいいなぁ」と思える方を数多くコンサルさせていただいて、やっと気づいたことがあります。「運のいい人」に共通して言えるのはやはり、この一点につきます。

運のいい人は、占星術で導き出されるベストなタイミングで行動している。

その人の運の良さが先天的（生まれ持ったもの）であれ、後天的（人生経験で得たもの）であれ、幸せな人生を送る人に共通しているのは「タイミングの良さ」なのです。

「タイミングのいい日」や「何かを始めるのに良い瞬間」は、情報としてお伝えすることができます。

ある程度までなら、私のような専門家に頼らずとも、あなた自身で「自分にとってタイミングのいい日」を探すこともできます。

タイミングのいい日を探す「タイムディレクション」の基本を本書で押さえて「運のいい人でい続けるコツ」を身につけてしまいましょう。

4 とにかく「運のいい日」に行動してください！

「思考は現実化する」のは事実。でも、時間がかかる！

スタートに良い日を見つけ出し、その日に物事をスタートさせる――。それだけで、天性の才能を持ったいわゆる「タイミングのいい人」と同等の能力をあなたも手に入れたことになります。

タイミングのいい人と同じ「行動」をすることができるのです。

今までは自分の実力や努力、根性などで何とかしようと頑張っていたところを、時の力（タイムディレクション）の助けも得ることができるので、結果はおのずと変わってきます。

結果が変わると、その成功体験から、自分自身の思考が変わってきます。

今まで「できない……」と思い込んでいた自分を脱して、「自分だってできるんだ！」という思考に切り替わるのです。

思考が切り替わると今度は「行動」が変わります。行動が変わると、さらに「結果」が変わります。こうして好循環が自動的に生まれるのです。

ここはとても大事なところなので、もう少し詳しくお伝えしましょう。

願い事の実現を求めるとき、その結果を出すのにまず重要になるのは「思考」です。**あなたの思考が、その目標実現にふさわしい状態になっていないと、目標は実現されません。**

たとえば、会社勤めをしていたあなたが商売を始めるとします。ですが、「生まれてこのかた商売なんてやったことがない」という人には、商売人としての思考が備わっていません。

そのような状態で商売を成功させるのは簡単ではないでしょう。

「会社員の思考」を「商売人の思考」にパッと切り替えるのは、非常にハードルが高いのです。

なぜなら、「10円で仕入れた物を1万円で売る」という商売をする場合、「なんだか詐欺みたいだな」とか、客の顔色を見てすぐに割引をしたくなるとか、「お金をもらうことが、なんだか悪い気がする……」といった思考に陥りやすいからです。

ですが、プロの商売人になると、「俺は物を売ってるんじゃない。『価値』を売ってるんだ！」といって、笑顔で堂々とお客様から1万円を受け取れます。

商売未経験者とプロの商売人には、このような歴然とした思考の差があります。

この差を机上の理論で埋めるのは至難の業です。ただ、この思考を比較的早く切り替える手法があるのです。

どうすればいいか、わかりますか？

それは**「成功体験」**です。

10円で仕入れた物を1万円で売る場合、頭の中で「申し訳ない気持ち」や「罪悪感」などがグルグル回っているのですが、あなたの横にプロの商売人が付き添い、あなたをサポートしながらその商品を売ったとします。

その結果、お客様はとても喜んでくれて、翌日にお客様から感謝の気持ちを伝える長文メールまであなたに届きました。

こうしたことが5件も連続で続けば、どうでしょう？

それでも10円のものを1万円で売ることに引け目を感じるでしょうか。

これは「思考」を変えるところからアプローチするのではなく、「行動」を変えるところにフォーカスしているのです。

「行動」を変えることで「結果」が変わります。「1万円で商品を売る」という普段ならできない「行動」をする。すると「お客様に喜ばれる」という「結果」としての成功体験をします。成功体験によって、「思考」が切り替わるのです。

自分が望む目標を実現するための近道は、思考を変えるのではなく、行動を変える

ことにフォーカスし、成功体験を積むことが効果的です。

この手法は、最新の認知心理学・行動心理学の分野でたいへん効果があると立証されており、子どもたちの学習方法にも取り入れられています。

タイムディレクションでも、これと同じ作業をします。

仮に日々の生活に幸せを感じることができず、生きるのが少々辛いと思っている人が、「運のいい日」に行動するとどうなるでしょうか？

一度試してみてほしいのですが、やはり普段よりも望んだ結果になる可能性がとても高まります。

この望んだ結果になるという成功体験を積み重ねることで、徐々に「自分は幸せだ！」という思考に切り替わり始めます。

すると、行動も「幸せな人」の行動へと切り替わり、結果も自ずと切り替わってくるという好循環になり、生きるのがとても楽だと感じるようになるのです。

いろいろなことをお伝えしましたが、とにかく頭で理解するよりも**「運のいい日」に「行動する」ということが何よりも大事である**と覚えておいてください。

「運のいい日」を知る前にやっておきたい準備がある

手順のうえでは「いい日探し」は2番目

では、タイムディレクションをしていただくうえでの具体的な手順をお伝えします。

「理屈はいいから、とにかく『運のいい日』をすぐに教えて！」という方はチャプター3から読んでください。

ただ、目標を確実に実現するためには、一手間加えていただきたいのが本音です。手順として最初にしていただきたいのは、「良い日を探す！」ことではないのです。

引っ張っているようで申し訳ないのですが、「いい日探し」の前にやっていただきたい大事なことがあります。それは**目標（願い事）の設定**です。

「目標設定」と聞くとテンションが下がる人もいることでしょう。ただ、ここでいう目標設定は、ビジネス書籍でよく見かける「目標の立て方」の話ではありません。

本書は「時の力」を最大限に活用してもらうことがテーマ。ですから、**目標（願い事）を設定する時も「時の力」を活用する**ことをオススメしたいのです。

「時の流れを活用した目標実現」に関する詳細は、チャプター2で後述します。

タイムディレクションは「ビジネス」にも効く

ここで、あなたに質問です。あなたは本書の知識を「ビジネス」でも活用したいとお考えでしょうか？

「ビジネス」といっても幅は広いのですが、たとえば、

- 経営者や起業する予定がある人
- 管理職やマネジャー、チームリーダーをしている人
- 社会貢献に生きがいを感じてる人

このような人の場合は、「時代の流れ」についてお伝えしている最終章「チャプター

6」の内容を踏まえた目標設定が特に大切です。

タイムディレクションをビジネスで活用する場合、目標設定を解説しているチャプター2の内容を実践する前に、「チャプター6」にも目をとおしておいてください。

目標は、基本的にどのような内容でも問題ありません。

ただ、**あなたが何らかのリーダーをされていて、第三者に対して大なり小なり影響力をお持ちの人ならば、「時代の流れに合った」、もしくは「時代の流れを見越した」目標を設定する**ことをオススメしたいのです。


占星術は、時代の流れを知るのにとても優れたツールで、あなたの未来に対する思考に新たな視点をもたらしてくれます。自力では思いもよらなかった目標を設定することも可能にするのです。

人は目標を決める時、過去の経験から未来を予想しようとしますが、それでは「自分の枠」をなかなか越えることができません。

占星術が伝える星の動きを見て時代を読むと、**過去の経験をベースに順序だった目標設定をしていては時代に乗り遅れる**ということがハッキリと見えてきます。

たとえば私の場合、占星術の勉強を始めた当時、まだ会社に勤めていました。これからの時代の変化を占星術から読み解き、自分の能力や実績も同時に考慮した時、「会社勤めをしていては、時代の流れに乗りつつ本来の自分がすべき行動をとることができない」と確信しました。

こうした思考の変化も手伝って会社から独立し、時代の流れを占星術である程度見越したビジネスプランを設計・実践した結果、おかげさまで今日に至るまで順調に業績を伸ばしています。

もし、占星術を使った「時代読み」を知らないままでいたら、今でも組織の中で働いていたでしょうから、時代に即した社会貢献をすることもなかったでしょう。

時代の流れを知ることは、あなたがこれからつくる「目標の方向性」を整える重要な要素になります。チャプター6はぜひ目をとおすようにしてください（「今はあまり『時代の流れ』には興味なく、ひとまず目の前の生活を幸せにしたいんです！」という人は、チャプター6は流す程度に読んでいただいても大丈夫です）。

chapter 2

目標は「時のリズム」に合わせて計画しよう

元旦に目標を立てる人で実現できるのは12％

真面目に取り組んでいるのに、なぜだ？

元旦の1月1日になると、世間が一気にお祭りモードになり、新しい時代がスタートした気分になります。

「手帳に今年の抱負を何か書かなくては！」

と思う人も少なくないでしょう。

このタイミングで年内に達成したい願い事を書いたり、人によっては綿密な年間計画を立て、新年を意気揚々とスタートさせるケースもあるでしょう。

ただ、その結果として、「計画どおりに物事を進めて目標を実現できた！」という人は一体どれくらいいるのでしょうか？

ここに面白いデータがあります。

> ２００７年にイギリスで行なわれた研究では、元旦に目標をたてた３０００人を追跡調査した。52％の人たちが目標を達成できると自信を持っていたにも関わらず、実際に目標を達成することができたのはわずか12％の人たちだった。
>
> 出所：ロンドン・スクール・オブ・エコノミクス ガラッド・ブライアンの論文

なんと、**元旦に目標を立てた人の88％が目標を達成できないまま、翌年の元旦を迎えているの**です。本書を読まれているあなたも、新年に立てた目標を実現させる難しさを大なり小なり実感しているのではないでしょうか。

そうした「目標が達成できない人たち」に向けたアドバイスとして、よく見かけるのが次のような方法です。

・目標を高く設定しすぎなので、実現性を考慮する
・細切れに目標設定し、達成したつど自分へのご褒美を考える

これはこれで間違ってはいませんし、元旦に目標を設定した人の12％は実現できているわけですから、年初に今年の抱負を手帳に書く行為も悪いことではありません。以前の私も、目標を達成できる人のありがたいアドバイスを何度も教えてもらいつつ、実現に向けた努力を重ねてきました。

ですが、私は12％の人たちのように目標を達成することができませんでした。できない理由はいろいろありますが、結局のところ、目標を達成するまでのモチベーションが維持できないのです。

おそらく、目標実現できなかった多くの人たちも、以前の私と同様に、「様々なアドバイスをもらい、真面目に取り組んだけど、やっぱり無理だ」と挫折した人は少なくないと思います。

7 目標の設定は「それにふさわしい時」に行なう

西洋的な発想にとらわれていないか？

では、目標を実現できない私たちは、「落ちこぼれ」ということでしょうか？　一生、「88％の人たち」で終わるしかないのでしょうか？

いいえ。違います。

古代からの知恵である占星術では、あなたは落ちこぼれではなく、「時の力」を活用できていないのが、目標が実現できない大きな原因の1つだ、と示唆しています。

目標を設定するにも「それにふさわしい時」があります。

ふさわしくない時に目標設定をしても、それは「時の力」が発揮できていないので、実現力が落ちてしまうのです。

では**「時の力」**とはいったい何でしょうか？

よく時代劇で、大名が敵国に攻め入ろうとする時、軍師（君主の戦略指揮を助ける職務を務める者）に対して、「敵国にはいつ攻め込むのがよいか？」などとたずねる場面を見たことがあると思います。

あれは、天候や季節を考慮するだけでなく、当時の軍師は星の動きも見て「良い日」を判断していたといわれています。

戦といった難しい局面の話でなくても、たとえば私たちになじみのある風習ですと、大安や赤口などの「六曜」といわれているものも、その1つです。

結婚式やお祝い事は、できる限り「大安」の日を選ぼうとします。

その後の結婚生活が幸多くあるように、お日柄の良い日を選び、その日に新生活をスタートすることで目標を実現させようとする——。まさに、「時の力」をうまく活用した一例です。

これは、時の力を借りることで、人間の力だけでは実現できないような大事も成し遂げることができるという、昔の人々にとっては、ごく当たり前に使っていた知恵の名残りです。

ただ、現代では大安などの六曜でさえ、気休め程度にしか見られていないのが現状でしょう。「見えない力に頼るくらいなら、自分たちの実力を高めて実現力を引き上げるほうが現実的であり、優れている」という、個人の力を誇示する近代西洋的な発想が主流になっているのです。

もちろん、個人の力を高めることはとても大切なことでしょう。

ですが、目に見えないとはいえ、もし「時の力」というものが本当に存在し、それをできる限り活用することで目標実現の可能性が高まるのであれば、「利用しない手はない！」と誰もが思うはずです。

「時」には、お祝い事にふさわしい日もあれば、目標設定にふさわしい日もあります。では1年の目標を定めるのにふさわしいタイミングはいつなのか――。

それは**「春分の日」**になります。

グレゴリオ暦中心の生活をやめて「春分の日」を起点にしよう

「春分」は陰陽のバランスが取れている中道の瞬間

春分――。「聞いたことあるけれど、いつだっけ?」という声が聞こえてきそうですね。正解は**3月20日、もしくは3月21日**に定められています。日本ではその日が祝日になりますから、なじみのある人も多いでしょう。

太陽と地球の関係でいうと、太陽の進む道を黄道といい、地球の赤道を黄道にぶつかるまで広げた時に、ちょうど黄道と赤道が重なるポイントを春分といいます。

ですから春分は、太陽と地球の関係から導き出された天体現象であり、自然のリズ

黄道と赤道が重なるポイントが春分

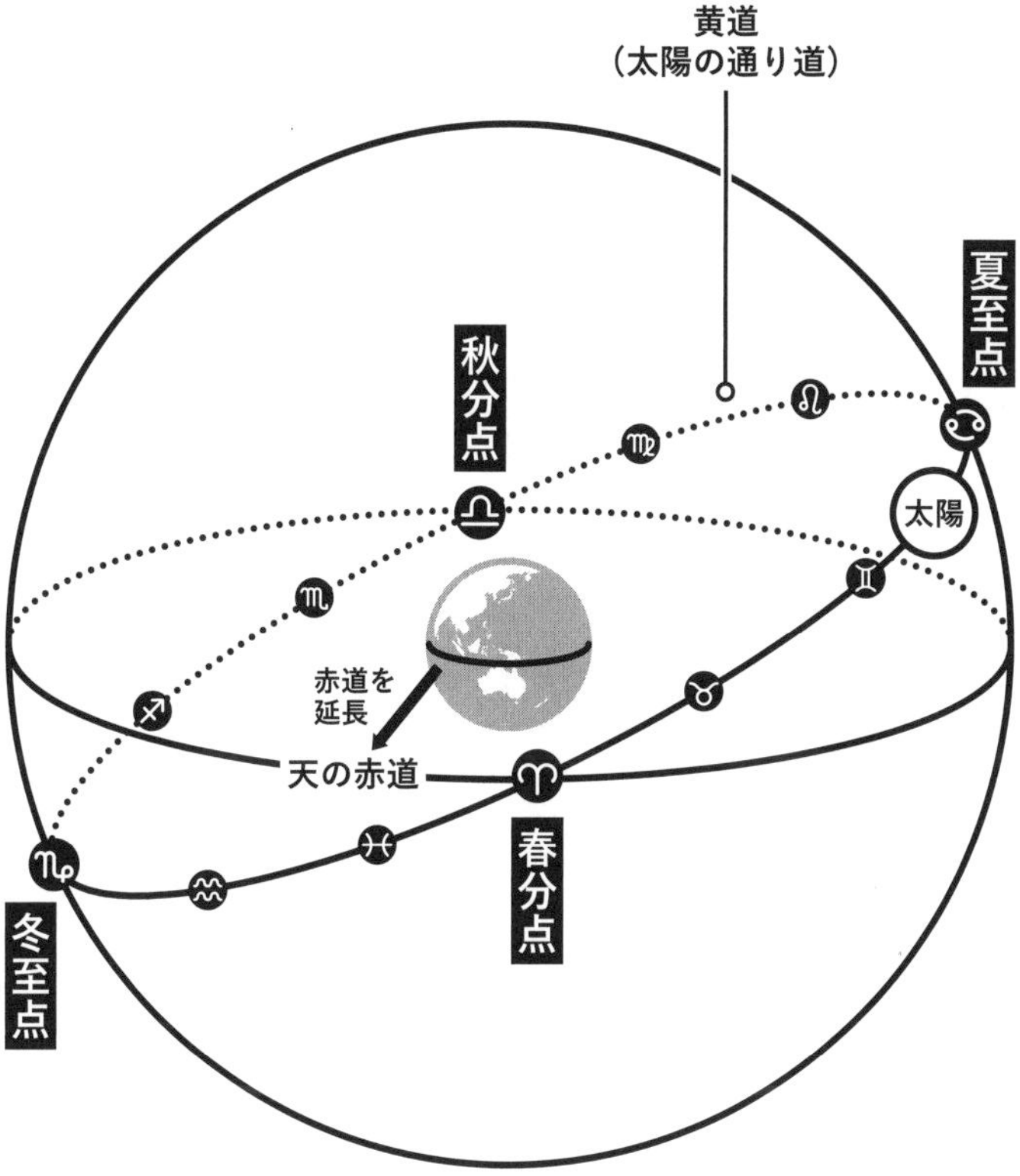

ムなのです。

春分は、昼と夜の時間が同じになる日です。1年の季節は春分から始まり、最も昼が長い夏至を通過し、秋分でまた昼と夜が一緒になり、冬至で夜が一番長くなり、春分に戻る、という周期的な変化を描いています。

「昼と夜が同じになる」というのは、ちょうど**ゼロポイント**であり、陰陽のバランスが取れている中道の瞬間。宇宙創生のように、何もないゼロの場所から太陽系が爆発的なエネルギーで生まれた瞬間のようなものです。

ゼロポイントというのは、何かを生むための真っ白なキャンバスであり、「これからどんな絵を描こうかな?」と目標設定をするのに適したタイミングといえるのです。

そのゼロポイントが、1年のサイクルでいうと春分にあたります。

脱・計画倒れ! 設定するなら「春分の日」に

春分が1年の始まりなのであれば、最初から春分の日を元旦に設定すれば話は早いのですが、現在、世界共通で利用されているのは、1月1日を元旦とする「グレゴリオ暦」です。

グレゴリオ暦は、もともと宗教的な要素を中心につくられた暦で、1年の始まりとされる1月1日には、何の天体現象も自然のサイクルもありません。毎月1日に新たな月がスタートしますが、この「1日」にも自然サイクル的な意味は何もありません。

現在私たちが利用しているグレゴリオ暦は「人工的につくられた暦」なのです。

このような自然のサイクルに合わせていない暦をもとに人々が生活するということは、自然界の流れからの離脱宣言をしているようなもの。地球という大自然の一員である私たち人間にとっては、かなり不自然な生き方、流れに逆らった生き方をしていることになります。

人工的かつ不自然な生活をしていると、弊害としては生体リズムに狂いが出てきます。昼夜を問わず部屋が明るいことで、本来の生体リズムに狂いが生じている現代の私たちの生活状況と同じです。

日々のカレンダーでも、人工的なタイミングをベースに生活しているので、私たちの人生全体の生体リズムがいかにズレてしまっているのかは想像に難《かた》くありません。
その結果、私たちは持って生まれたエネルギーを１００％活用しづらいなかで生活することになるわけです。

そこで、読者の皆さんには、「春分」を1年の始まりとして生活の中に取り入れることで、本来の自然のリズムに乗った生活をしてみることを強くお勧めします。

「自然のリズムに乗る」という行為は、私たちの心身にとっても自然な営みになるからです。

そして、**春分の日にしていただきたい行為が「新年の目標設定」**です。

目標設定の方法ですが、基本的にはどのような方法でも問題ありません。

ただ、「せっかくの新年だし、ちゃんとした方法で目標設定したい！」という人のために、私がクライアントにお勧めしている方法を公開します。この方法で、クライアントの皆さんはどんどん目標を実現しています。ぜひ参考になさってください。

春分の日に「新年の目標設定」をするときのお勧めの手順

STEP 1

春分が発生する時間を調べる

本書の専用サイト（巻末付録の袋とじページ）参照

STEP 2

春分が過ぎてから、「これからの１年間でどのようなことを実現したいのか」をイメージする

STEP 3

１年間の目標を紙に書く

（その紙は、この１年間に何度か見返したほうがよいので、大切に保管しておく）

【補足】

目標はいくつ書いてもかまいません。重要なのは、「その目標にしっかりコミットし、実現に向けて行動できるか？」ということなので、この視点で目標の数を判断してください。そう考えると、おそらく10個程度の目標が適当な数になるでしょう。

9

年間計画を立てるタイミングは 春分・夏至・秋分・冬至

夏至・秋分・冬至も重要なタイミング

1年のスタートは「春分の日」を起点にすることを説明しましたが、**本書を読まれた時期が春分を過ぎていた場合は、「夏至」「秋分」「冬至」のいずれかのタイミングで、これからお伝えする内容をお試しください。**

春分で立てた目標は、季節が変わるタイミング、具体的には約3か月ごとに振り返りをする（自分が今どういう立ち位置にいて、これからどう行動するべきかを考える）ことになります。この「振り返り」をしてほしいのです。

西洋占星術は、牡羊座から魚座まで、12個の星座があります。

あなたも、自分の星座くらいは知っていると思いますが、あの星座、じつは今からご説明する「春分・夏至・秋分・冬至」の4つの季節に合わせて設定されています。

春分の日が牡羊座のスタートになり、夏至の日が蟹座、秋分が天秤座、冬至が山羊座で、それぞれの1日目が各季節のスタート日になります。

西洋占星術は「自然のサイクル」と「天体現象」によって構成されているのです。

季節の節目に合わせて1年の計画をしていくと、「自然の流れに乗った1年」を歩むことになります。これは結果的にとてもスムーズで素直な発展力につながります。

稲の成長でたとえると、春分の春の季節に種から芽が出ます。発芽した芽は、夏を盛りに大きく育ち、秋に実を成し、刈り取りがあります。そして、冬には次の春が来るのを種になって待ちます。

刈り取ったお米は精米され、家庭に運ばれたり、おせんべいなどの加工食品にされたりと、「製品」という形になって提供されます。これが稲が成長したことによる成果であり、社会貢献になります。

春分・夏至・秋分・冬至で年間計画を立てる

春分 （3月20〜21日）	これから１年の目標を設定する
夏至 （6月21〜22日）	目標に応じた発展と成長を目指す
秋分 （9月22〜23日）	半年間の自分磨きの結果を確認し、 そのうえでどのように 社会に役立てるかを考える
冬至 （12月21〜22日）	秋分で出た結果の定着。 具体的には、製品やサービスなどの 形に変えて社会に提供する

10

四季の中で最も重視したいのは「春分」と「秋分」

春分から秋分までは「自分磨き」のタイミング

「春分・夏至・秋分・冬至」について、もう少し具体的に見てみましょう。

「春分・夏至・秋分・冬至」の4つの中で、最も重視したいタイミングは**「春分」**と**「秋分」**になります。

春分と秋分は昼と夜の時間が同じになる時期です。前項で稲の成長をたとえにした時、秋は刈り取りの季節と述べましたが、**秋分は、春分に立てた目標の成果を受け取**

るタイミングになります。

春分の目標設定から秋分の刈り取りまでの間にやってほしいことは、6か月間かけての「自分磨き」です。

夏至の一番暑い時期に植物がぐんぐん成長するように、この6か月間は、自分の成長が実感できるほどにやる気がみなぎってくる時期になりやすいのです。

ですから、勉強や技術の習得にはピッタリですし、旅行や趣味を満喫するなど、親しい人とのイベントやプライベートな楽しみの追求など、自己満足ともいえる心の充実を目指すのにも最適な時期です。

そんな自分磨きを半年間続けた結果、何らかの成果が秋分に表われます。

とはいえ、何も考えずに秋分の時期を過ごすと、結果や成果に気づきにくいので要注意です。

ですから、秋分が過ぎた頃に、春分の時に紙に書いていただいた目標を取り出して、その内容を読み返してみてください。

そして、目標の中で「実現したこと」「実現していないこと」を確認し、「実現したこと」が秋の刈り取り（成果）になります。

たとえば、あなたが春分の時、
「自分にふさわしい仕事ができる会社に転職する！」
と目標を設定した場合、秋分の時期までにその転職が実現していれば、それが成果です。

おそらく、その転職を実現するために、春分からの6か月間、「自分にふさわしい仕事というのはどういう業種なのか？」などと自問自答したり、そのふさわしい仕事に就くために必要なスキルや知識の習得もされたことでしょう。

その「自分磨き」が実っての「秋分」なのです。

秋分以降は「人から何を求められているか」を意識する

春分から秋分までは、「自分磨き」に注目しますが、秋分以降は意識を変えなければなりません。

秋分以降、どのようなことを意識して過ごすのかというと、「自分のやりたいこと」よりも、「人に何を求められているのか?」を重視すべき時期になります。


先ほどの稲のたとえ話を思い出してください。

実がなって刈り取りをした後、「お米が欲しい」と言っている家庭には、精米をしたり魅力的なパッケージに詰め込んだりして、「加工」してからお米を家庭にお届けしますよね。刈り取ったお米は、様々な加工をすることでお客様のニーズを満たすよう努力をするわけです。

この米の「加工」と同じことを、私たちも秋分以降にする必要があります。

秋分までに出た成果は、言い換えると加工前の「素材」を手に入れている状態。その素材を、今度は「社会が求めている形」に加工するフェーズが秋分なのです。

先ほどの転職の例でいうと、「自分にふさわしい仕事への転職が実現した」というのが素材だった場合、秋分以降は、転職先が求めるニーズを満たすために、あなたは自分の才能をフル活用して貢献に努めます。

「自分にふさわしい仕事」という漠然としたものから、たとえば、「文章やデザインなどの成果物を会社に提供する」のかもしれませんし、「営業職として新製品の売上アップに貢献する」のかもしれません。

また、春分のタイミングで、「ステキな人と交際する！」と目標を立てた人が、自分磨きの結果、秋分までにその目標を実現していたとしたら、秋分以降は、ステキな人があなたに求めるニーズを満たすために気を配ることで「相手が求めている形」を提供すればいいのです。

このように、秋分を1年の中のひと区切りとして、

「自分を磨く」フェーズ（春分〜秋分）

「他者のニーズを満たす」フェーズ（秋分以降）

で自分の意識を切り替えてみてください。

もちろん、人生はこの季節の流れどおりに進まないことも多いと思います。

冬至の近くでやっと結果が出ることもありますし、夏至の自分磨きの時に他者のニーズに応えなくてはいけないこともあるでしょう。

ですが、ここで大切にしていただきたいのは、

- **季節の切り替えを意識する**
- **季節の切り替えのタイミングで春分の時に立てた目標を確認し、振り返る**

というサイクルで行動することです。

「季節のサイクル」は、自然界の大きなエネルギーの流れです。この流れに逆行したり、はずれるような行動をしてしまうと、それは「生きづらい生き方をしてしまっている」ということになります。

こうした状態を解消するためには、**自分に起きている現象に注目するのではなく、「自分の意識を季節の流れに合わせて切り替えるんだ」という視点を持つ**ことです。

これを行なうだけで十分、あなたは自然界の大きなエネルギーの流れに乗った人生を歩むことができるようになり、より生きやすい人生を歩めるようになります。

「新月」と「満月」を活用してモチベーションを維持しよう

1か月のスタートは1日ではなく「新月」

ここまで「1年」という長いスパンでの自然サイクルを利用した年間計画の流れをお伝えしました。

「春分・夏至・秋分・冬至」という季節を意識した年間計画は、間違いなくとても効果的です。

ただ、「1年」ですと、スパンが長い分、途中でやる気を維持させるのに少々難しさが出てきます。

そこで、1か月単位のサイクルで「目標」と「結果」を見つめ直す行動をオススメします。

ただ、前述したとおり、現在のグレゴリオ暦で1か月の目標を考えようとすると、毎月1日が1か月の始まりになります。

グレゴリオ暦は「人工的につくられた暦」です。よく、毎月の1日にキックオフミーティングなどをして月間目標を掲げる会社などがありますが、自然界のサイクルでいうと、私たちの気持ちとしても、必ずしも1日が新しい気持ちでやる気に満ちあふれているわけではありません。

むしろ、「まったく心機一転といった気持ちになっていないけど、上司がうるさいから、無理やり『頑張ります！』と言わされている」といったケースがほとんどでしょう。

では、1か月単位で見たとき、人間が心機一転、「今月も頑張ろう！」と思えているタイミングはいつでしょうか？　それは**新月の日**になります。

新月というのは、ご存じのとおり、太陽の前に月がちょうど重なって、地球から月が見えなくなる天体現象をいいます。

ここで少し西洋占星術の観点から月と太陽を解説しましょう。

西洋占星術は太陽系の惑星と月を含めた10個の天体の配置を見ることで、様々な情報を知ることができる便利なツールです。

占星術の観点から見た時、太陽は「人生の目的や目標」を、月は「心や感情」を表わします。

新月の時というのは、西洋占星術では、「太陽が抱えている人生の目標を、心である月に書き込んでいる状態」と考えられています。

つまり、1か月で成し遂げたい目標が「太陽」だとした場合、あなた自身といえる感情は「月」ですから、新月は、「1か月の目標を心にインプットして、その目標に向けてやる気を発揮します！」という意味合いになるのです。

ですから、新月は1か月のスタートとして目標を掲げ、心機一転でスタートするのに最適な時期なのです。

日本も、明治5年まではグレゴリオ暦ではなく、「太陰太陽暦」という月の満ち欠けを利用した暦を使っていたので、1か月の始まりは新月の日でした。

「新月の日＝月の始まり」とした当時の人たちのほうが、自然の流れに乗った、素直な1か月のスタートを切っていたといえるでしょう。

そして、新月からおよそ14日後、**満月**になります。

これは、太陽と月がちょうど地球をはさんで向かい合っている状態で、月がきれいに丸く見える天体現象です。

西洋占星術の観点では、満月の時は、「新月の時に掲げた目標に対する結果が出る時期」とされています。

春分と秋分が種まきと刈り取りの関係だったのと同様に、新月と満月にもそうした意味合いがあるのです。

新月・満月のタイミングで月間計画を立てる

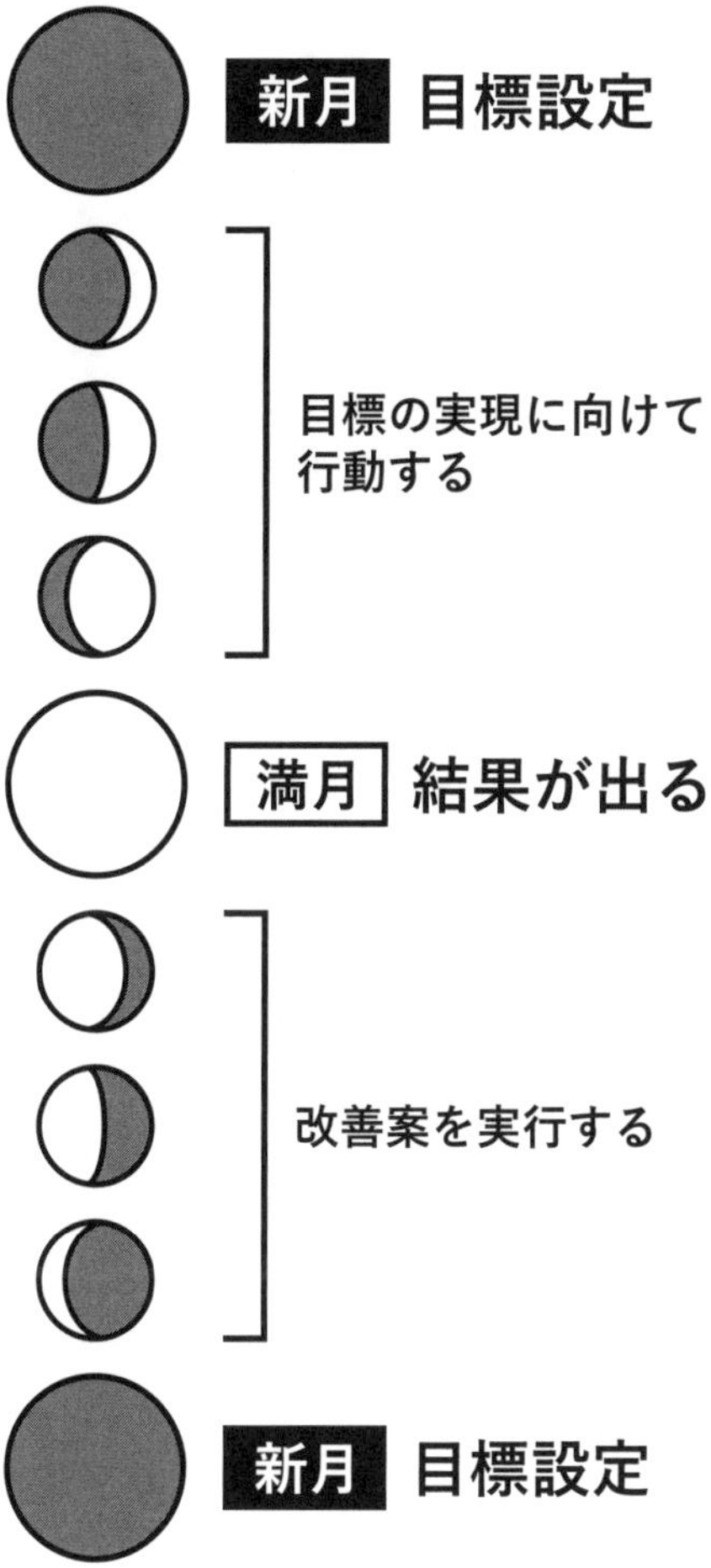

「どの星座で新月が起こるか」を意識すると目標は実現しやすい

新月は毎月違う星座で起こる

「新月」を、西洋占星術の観点からより深く見つめてみましょう。

地球は太陽の周りを回っていますが、およそ1年で1周します。
その太陽が1周する間を12等分し、それぞれに星座を当てはめたのが12星座です。
ですから、「1か月ごとに星座が切り替わる」ということになります。

「新月」は太陽と月との天体現象で、およそ1か月に1回発生します。ですから、牡羊座の時に新月になったら、翌月はだいたい牡牛座で新月になります。

このように、地球から見ると毎月同じ新月のように見えますが、じつは宇宙から見ると新月になっている位置が毎月ずれていて、占星術的には「毎月違う星座で新月になっている」ということになります。

たとえば乙女座で新月になった場合、太陽が表わす「人生目標」や月が表わす「心や感情」に対して、乙女座の意味合いが含まれた新月になるといえるのです。

目標を設定する時、新月が乙女座で起きるとしたら、「乙女座っぽい目標内容」に設定することで、より宇宙のリズムにあった目標設定ができることになります。

新月で目標を設定する時は、できることなら「新月の星座」も活用して目標設定することをオススメします。

次ページ以降では、各星座ごとの新月の内容をまとめてみました。巻末の袋とじ特典から次の新月が何座で発生するのかを調べ、「どのような目標設定がふさわしいのか」をチェックしてから目標を設定してみましょう。

◉牡羊座の新月

目標のテーマ：新しいスタート・独立・創作・企画

牡羊座は12星座の始まりの場所ですから、今まで経験したことのない新しいことを始めるお願いに最適です。また、1人で活躍するのにも有利なので、何かからの独立や起業といったお願いにもよいでしょう。新しいアイデアの発掘にも最適なので、企画・創作にも有利に働きます。

◉牡牛座の新月

目標のテーマ：お金・五感の満足・才能の発掘・維持継続

体で感じる感覚がテーマの星座ですから、味覚や視覚といった五感が喜ぶことや、五感を駆使することでの目標が最適です。また、物を集めることも最適なので、欲しいものがある場合や、単純に「お金が欲しい」といったお願いは牡牛座が担当になります。そして、あなたが生まれ持った才能発掘に関する目標にも最適です。

◉双子座の新月

目標のテーマ：知性・勉強・会話・旅行

様々なことに興味関心が向き、学ぶことに対して有利になるので、勉強や頭脳を働かせるようなお願いには最適な時期です。また、移動や旅行（国内）の目標設定にも最適です。人との会話にも関係する星座ですが、相手を論破したり、説得したりということに有利な時期ですので、「好きな人と仲良くお話しする」という意味からは少しはずれます。

◉蟹座の新月

目標のテーマ：家庭・家・育成・共感

蟹座は育むことに関係する星座ですので、家庭や育成に関することがメインテーマになります。育成は子どもだけでなく、部下や後輩など、自分が教え導く場面でも効果的です。また、体を休めてリラックスすることや、家に関するお願いにも最適なので、より理想的な住居づくりの目標を掲げてもよいでしょう。人との共感を図りたい時にも最適です。

◉獅子座の新月

目標のテーマ：創造する・楽しむ・趣味・ロマンス

つくり上げること、生み出すことなど、クリエイティブな目標に最適です。また「趣味」や「娯楽」にも関係する星座なので、この時期の目標設定は「楽しむこと」に貪欲になってください。愛やロマンスを求めている人には、この時期に目標設定すると実現しやすいでしょう。思い切りロマンチックな情景をイメージしてください。

◉乙女座の新月

目標のテーマ：作業的な仕事・健康管理・整理整とん・実用的な技能

日常の仕事や作業に関しての目標設定に最適です。作業環境や作業内容の改善・実行などを目標にしてみましょう。物事の整理にも最適です。仕事で有効に活用できる技能や技術の習得を目標にするのもオススメ。また、健康管理を見直し、より健康的な生活にする目標を掲げるのも効果的です。

●天秤座の新月

目標のテーマ：人間関係・コミュニケーション・調和・出会い

主に良好な人間関係にまつわるお願いが最適です。日頃の人間関係の問題をこの時期にすべて解決できるお願いをしてみましょう。また、人との出会いにも最適です。これはビジネス・恋愛、どちらでも有効ですから、もし出会いを希望しているなら、この時期にぜひお願いしてみましょう。

●蠍座の新月

目標のテーマ：人との深い関わり・マニアック・融資・プレゼント

少数の人との深い関わりを目標設定する際に最適です。たとえば、恋人との深い関係や、親友との強い絆などが、この星座のテーマです。また、「何かにマニアックに没頭してハマりたい」といったものも、蠍座の新月の時期に目標設定してください。もし、融資を希望していたり、何かプレゼントされたいと思っていたら、このタイミングでお願いしてみましょう。

◉射手座の新月

目標のテーマ：グレードアップ・海外旅行・精神性の向上・習い事

「今よりグレードアップしたい！」「成長したい！」という場合、この射手座新月を活用します。何か習い事をしたい場合にも最適で、その際は、できる限り専門的であるほど、この時期に合っています。また、海外旅行の計画もこの時期が最適でしょう。哲学や道徳など精神性の向上を望む目標も適しています。

◉山羊座の新月

目標のテーマ：ビジネス全般・目標達成・ステータス・安定

確実に結果を出したい場合の目標は、この時期にしてください。ただし、大きすぎる目標の実現というより、自分の身の丈に合った目標実現のほうが山羊座のテーマとしてマッチします。あまり高望みはしないほうがよいでしょう。特に、ビジネス関係での安定や昇進、昇給などを目標にするのに最適です。結婚を望むのも、この時期がよいでしょう。

◉水瓶座の新月

目標のテーマ：夢・改革・友情・新しいこと

大きなビジョンを持ったり、そのビジョンの実現に向けたスタートをしたい場合、この時期は最適です。「現状打破をする」「世の中を改革する」という大きな目標を設定してみましょう。友人や仲間を増やすお願いにも最適。革新的な新しいことのスタートにも合っているので、誰も真似できないような、エキセントリックな目標はこの時期にしてください。

◉魚座の新月

目標のテーマ：想像力・優しさ・スピリチュアル・ボランティア

12星座の中で最も情感的な場所で、人と共感し、助け合い、協力していくことに関する目標が最適です。また、精神世界に関することも、この時期が適していますから、たとえば、「スピリチュアル的な方法で癒されたい」「トラウマを解消したい」といったお願いも、この時期にするとよいでしょう。

同じ目標を掲げているのに実現する気配がない場合は

目標を設定する時は3つのポイントを押さえる

「春分はもちろん、毎月、新月にも目標を掲げているのに、いつまで経っても全然実現する気配がない……」という場合、どうすればよいのでしょうか。

このケースに対する私の回答は、こうです。

本当にその目標を実現したいと思っているのか、自分の心に聞いてみてください。本当に心からコミットできる目標でなければ、実現力は低下します。

「その目標を実現するためなら、どんなことでも耐えられる！」という覚悟ができているか確認しましょう。

もう1つ大事なことがあります。

自分が変化することを望んでいるのか、自分の心に聞いてみてください。

「目標を実現する」というのは、大原則として、「あなたがその目標を実現するのにふさわしい人へと変化すること」で目標が実現します。

ですが、この「変化すること」をあなた自身が拒否している可能性があるのです。

たとえば、「収入を2倍にしたい！」と目標を書いた場合、今のあなたの環境でそれを実現しようとしたら、より責任ある立場になる必要があるとします。

でも、あなたが心のどこかで、「責任の重い立場にはなりたくない」と思っていたとしたら、やはりその目標は実現しづらくなります。

「収入を2倍にしたい！　でも、責任の重い立場にはなりたくない！」というのであれば、目標を「具体的＋欲張り」な形で設定すればよいのです。

たとえば、「ストレスなく、楽しく仕事をしながら、収入を2倍にする！」という目目標にすると、よりあなたの気持ちに合った目標のハズなので、実現力が上がります。

目標は通常、今実現していない将来の自分をイメージして目標設定するわけですから、そのためには**「変化する」**というのが大きなキーワードになります。

「時の力」があなたをバックアップできる状態だったとしても、あなた自身がその変化を拒む状況をつくってしまっていては、効果は現われにくくなります。

目標を設定をする場合は、あなたにとって、

①心にシックリくる
②ワクワクする情景が想像できる
③そのための変化なら喜べる

と思える内容で書くようにしてください。

chapter 3

スタートに良い日、スタートに適さない日

14

「大掃除」をするのにも効率のよい日とよくない日がある

「やるぞ！」という決意だけでは成功しない

チャプター3では、お待ちかねの「スタートに良い日」の探し方をお伝えします。

当たり前のことかもしれませんが、「スタートに良い日」は、あなたに「こうなりたい！」という目標があり、それを実現するためのスタート日として活用していただきます。

たとえば、ビジネスであれば、次のようなタイミングになるでしょう。

- **法人を設立する日**

- **ウェブサイトを開設する日**
- **店舗をオープンする日**
- **社運をかけた大型案件を契約する日**　など

日常生活であれば、次のような内容が挙げられます。

- **引っ越しをする日**
- **旅行をする日**
- **入籍する日**
- **交際を始める日**
- **大掃除をする日**　など

数え出すときりがないほど、人生には様々なイベントがあり、その度にスタート日があります。

チャプター1でもお伝えしましたが、**法人であっても国家であっても夫婦であっても、どのような内容であれ、それをスタートした日が「生まれた日」になります。**

占星術では「生まれた日」の天体配置を計測し、ホロスコープを作成することで、どのような性質を持ってこの世に生まれたかを知ることができるのです。

ですから、**あなたが、「今日は大掃除をするぞ！」と決意し、実行しても、その日が「掃除にあまり適していない日」だとしたら、普段より効率よく掃除が終えられない可能性があります。**

その逆に、「掃除に適した日」であれば、部屋やオフィスの掃除が思っていたよりもスムーズに片づき、数日経っても美しい状態をキープできている結果を引き寄せます。

「何かを始めた時」のホロスコープで傾向が読めてしまう

言葉を選ばずに表現するならば、占星術は本当に当たります。

この「当たる」という結果に最も驚くのが、占星術を習ったばかりの人たちです。

私が占星術を教えている教室があるのですが、専門知識がまったくなかった人が、その教室で初めて知り合った自分以外の生徒（素性を知らない人）の人生傾向を、その人のホロスコープを見るだけでそこそこ言い当てられるようになってしまいます。

生徒のほうはというと、「初めて出会った他人の人生傾向を言い当ててしまった自分」に驚きを隠し切れない様子です。

本来、他人の人生傾向や資質は、その人と多くの時間を費やし、交流を深めることでゆっくり理解していくもの。それが、ホロスコープを見てパッとその人物の「人となり」の情報を得ることができてしまうのですから、本当にビックリするのでしょう。

「占いというのは、誰にでも当てはまることを言うから、当たっているように感じるんだ」という人もいます。ただ、実際に占星術を学ぶと、それがナンセンスな意見であることがよくわかるはずです。

血液型占いのように、「私は○○さんと同じ」というパターン化ができないほど、ホロスコープで示される情報は複雑なので、誰にでも当てはまる内容を言うことが、そもそも無理な構造なのです。

これほどまでに「生まれた日」の情報から、様々な傾向を知ることができるということは、たとえば、掃除であれば、「掃除をし始めた時のホロスコープを見ることで、傾向や結果が予測できる」ということにつながります。

15

「スタートに良い日」は「目標を宣言する日」ではない

「目標を宣言だけして行動しない人」が多い

再び、大掃除を例にすると、いくら「スタートに良い日」であっても、「掃除をする！」と宣言しただけでは部屋は片づきません。実際に「掃除し始める」という行動があって、初めてその日が「スタートした日＝生まれた日」としてイベントが始まります。

「そんなこと改めて言う必要ないでしょ！」と、思われるかもしれませんね。

ただ、「今日はスタートに良い日だよ」と教えると、「掃除します！」と宣言だけしてそれに満足し、実際に行動しない人がじつはとても多いのです。

なので、「スタートに良い日」は目標宣言の日ではなく、「行動する日（＝行動が必須）」と覚えておいてください！

そして、間違えないでほしいのは、「掃除がものすごく苦手」という人が、スタートに良い日に掃除を始めたとしても、ハウスクリーニングのスペシャリスト並みの結果を出せるわけではありません。

結果の善し悪しの基準は、自分の現在のレベルが基準になることをご理解ください。

ハウスクリーニングのスペシャリストであれば、どんなに天体配置がネガティブな日であろうと、80％以上の完成度は安定して発揮されます。それができてこそ「プロ」というものですから、当然です。

ただ、スペシャリストの人でも、「なんとなく今日はノリが良かったな」とか「今日は少々難航したな」といった、日によっての好調・不調はあるものです。

その好調・不調の振れ幅が、「その日の天体配置」からの影響を受けている可能性は否定できません。

天体配置的に良くない日にイベントを実行する場合は

問題が起こりやすいことを自覚して小難にする

占星術を学び、その日の天体配置から様々な影響を受けていることを知ってからというもの、私はタイムディレクションをしてから予定を決めるようにしています。その結果、仕事でもプライベートでも大きなトラブルに見舞われることはピタリとなくなりました。

とはいえ、どうしても天体配置的に良くない日に、大切な案件をこなさなくてはいけないことも時として生じます。その場合は、**「今日は問題が起こりやすい日であること」を自覚した行動をとりましょう。**結果として、大きな問題にならずに済みます。つまり、**大難を小難に抑える努力をする**のです。

たとえば、新規の取引先や好意を抱いていた相手から、「飲みに行きませんか?」と誘われた日が、「スタートによくない日」だったとします。

こういった場合は、仮にあなたがお酒に強い人であってもアルコールの量を抑えるなどして失言を防ぐようにしたり、待ち合わせの場所や時間を伝えるメールがきちんと届いているかどうか連絡ミスがないように注意したりするのです。

「時」を理解するということは、自分の実力だけではどうすることもできない「流れ」のようなもののコントロールにつながります。

実際の占星術の知識は、ゴールが見えないほどに深遠な世界で、現在も世界中の研究者が知恵を寄せ合い、様々な角度からリーディングの検証をし続けています。

ですから、時を理解するための解説といっても、この本1冊ですべてを語り尽くすのは到底不可能な、途方もない情報量になります。

本書でお伝えするのは「良い日」をキャッチするタイムディレクションであり、比較的容易で活用しやすい内容ですが、これだけでも大きな効果を生むことができます。

スタートに良い日は「月の満ち欠け」で導き出せる

なぜ12星座占いは当たらないのか

タイムディレクションによる良い日探しで最もキーになるのは「月」です。

月といってもカレンダーの月ではありません。夜空を見上げたら大きく光り輝いている、あの「月」に注目するのです。月がどのような状態かを確認し、それに応じてスタート日にふさわしい日を割り出します。

月の状態で最もわかりやすいのは「月の満ち欠け」ですが、これでスタートに良い日を導き出すことができるのです。

新月は、月と太陽がちょうど重なるタイミングをいいます。

皆さんが慣れ親しんでいる12星座占いは、あなたが生まれた時、天空の太陽が地球から見てどの星座の場所にあったのかを調べて「生まれの星座」を割り出しています。星占いでは、「魚座のあなたは共感力があって優しい」「牡牛座のあなたはドッシリしていてなかなか動きません」など、いろいろなことを言われますが、実際のところ、これはなかなか当たりません。

なぜなら、太陽は占星術でいうところの「人生を発展させる方向性」を意味します。したがって、「生まれの星座の方向に、その人が人生を動かせているケース」限定でその内容が当たる、ということになります。加えて、太陽の星座だけでは、人となりすべてを知ることはできません。つまり、太陽は、その人の「性格や能力を示す天体」ではなく、「目標をつくる天体」なのです。

目標をつくる天体である太陽と、月が重なる現象が「新月」です。

月は占星術の解釈では「感情」を表わします。太陽という「人生の目標」が「感情」

である月と重なるということは、**「感情」という土壌に「人生の目標」を植えつけた瞬間であり、そのタイミングを新月という**のです。

太陽から渡された目的に対し、月は満月になるまでの間、できる限りの成長と発展を繰り返し、満月までに結果を出そうと元気いっぱい頑張ります。

そして、満月で何らかの結果が出て、それを受け取ります。

満月を過ぎた以降の月は、新月で手に入れた太陽のエネルギーが段々と減っていますから、満月以降は大きな発展力をあまり望めません。

満月で得た結果に対し、改善案を実行したり、整理・整とんをしたりしながら、次の新月での新たな目標の受け入れ体制を整えるのです。

実現したい目標がどんな内容かでスタート日は変わる

このように月は新月から満月、そして次の新月まで、一連のストーリーを刻みながら進行しています。

タイムディレクションの最も基礎的な方法が、この月のサイクルの流れに私たちのスタート日を合わせることです。

たとえば、あなたの目標が、「ある特定の人との関係を深めたい！」だとします。

その人との「関係を深める」ということは「発展させようとしている」わけですから、現在の月の満ち欠けを確認して、新月から満月の間の「発展力が高い」期間中にその特定の人と会えるスケジュールを組みます。

そうすることで、月が満月に向かって大きな発展力を持っているタイミングで月のエネルギーに便乗することができるので、あなたの目標も実現しやすくなるのです。

逆に、あなたが実現したい目標が、「部屋をきれいに掃除したい！」だとしたら、その目標は、発展させるというより、「減らして整える」という要素が強い目標です。

であれば、天空の月がどのような状態の時に掃除をスタートすればよいでしょうか？

もうわかりますね。

そう、月が満月から新月に向かっている間の、物事の整理・整とんに気持ちが向いている時に合わせて掃除をスタートすればよいのです。まとめるとこうなります。

◉実現したい目標の結果が「発展・拡大」を求めるなら
「新月から満月」の間にスタートする
◉実現したい目標の結果が「整理・縮小」を求めるなら
「満月から新月」の間にスタートする

これがスタートに良い日を探すタイムディレクションの基礎中の基礎になります。たいていの場合、何かをスタートする時は、発展や拡大を求めることが多いので、新月から満月を狙うケースがやはり多くなります。

では、整理・縮小でのスタートは掃除以外にどのようなケースがあるかというと次のようなものがあります。

- **契約解消**
- **リストラ**
- **離婚**

- **借金の返済**
- **不要物の処分**
- **退職**（例「ブラック企業から早く退職したい」など）

何らかのリスタートをする前の「整理・縮小・清算」にまつわるイベントの際には、満月から新月の月が「減らして整える」という流れになっている時に合わせてスタートすると、それらはスムーズに整理しやすくなります。

新月から満月、満月から新月は、それぞれおよそ14日間あり、月が新月から次の新月まで1周回るのにおよそ28日かかります。

ということは、「それぞれの14日間はすべてがスタートの良い日なのか？」というと、そうではありません。この14日間の中に「スタートに適していない条件」がいくつかあるのです。それらの条件を排除して残った日が「スタートに良い日」ということになります。

では、次からは「スタートに適していない日」の見つけ方を見ていきましょう。

スタートに適さない日は大きく分けて3つある

どうして占星術は「月」にこだわるのか

スタートに適さない日を探す時も、月の状態から判断します。**月の状況がポジティブな状況なのか、ネガティブな状況なのかを見極める**のです。

なぜ、月の状況の善し悪しがスタートに適する・適さないになるのか――。その原理を知っておいたほうが理解が進みやすいので、その説明から始めます。ただ、これは極めて占星術的な理論なので、その点も楽しんでいただければと思います。

地球から見た時に最も近くにある天体は月になります。

天体配置の図

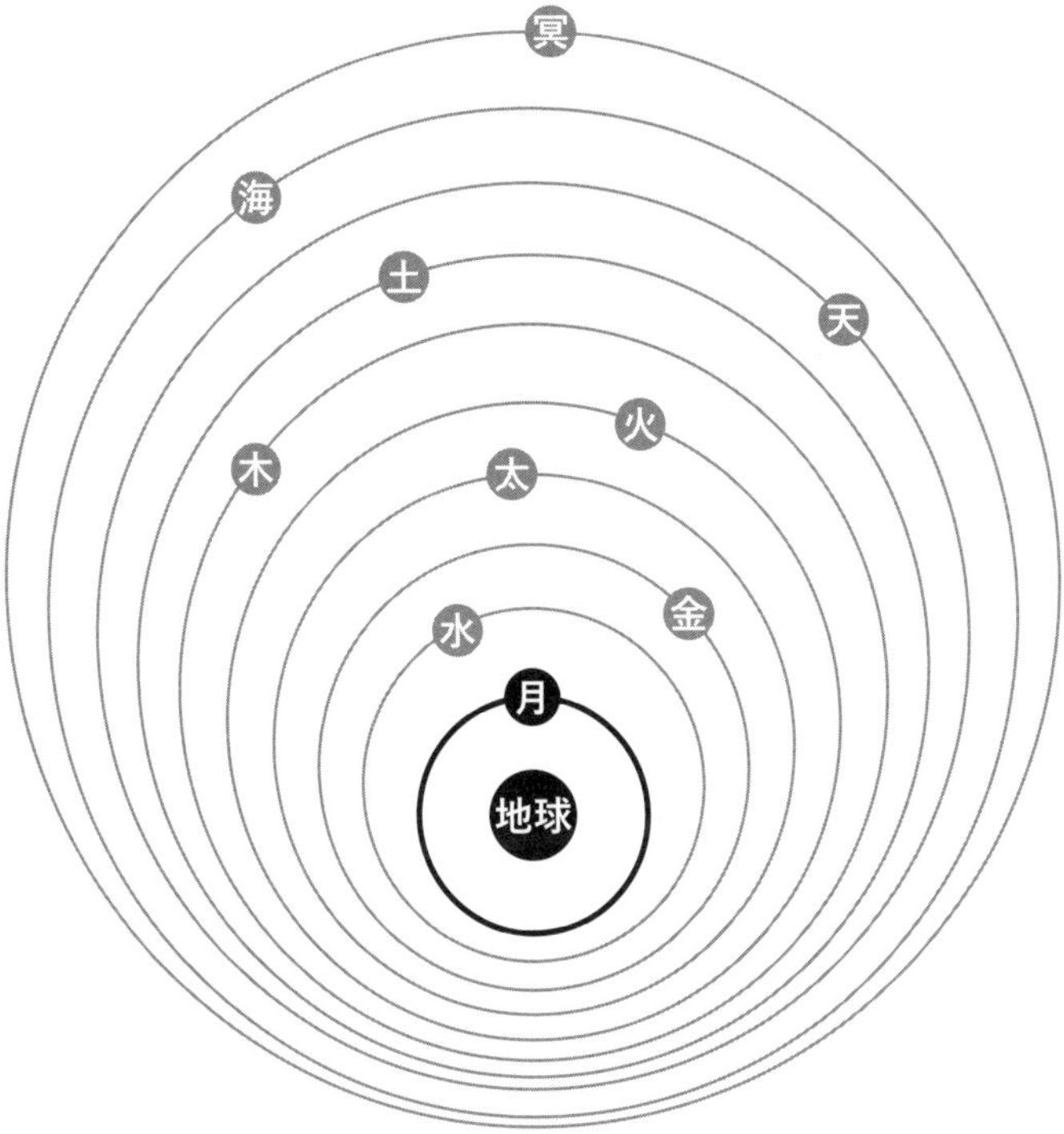

**占星術では地動説ではなく、
天動説の理論で考えられるので、
上記のように地球中心の図になる**

太陽系には、月と地球を除くと、水星から始まって冥王星まで、8個の天体がありま す（占星術では最も遠くの天体が冥王星になります）。

チャプター6で詳しく説明しますが、8個の天体は複雑に絡み合い、エネルギーを出し合いながら、日々、刻一刻と地球にも多大な影響を与え続けています。

8個の天体は、いったん月を通らないと地球に影響をもたらすことができません。これは占星術独特の世界観なので、前ページの図をご覧ください。

このように**地球以外の天体が地球に様々な影響を及ぼす場合に、地球に最も近い月は、地球にとって「最後のフィルター」の役目をしています。**この月の状況がポジティブな状態なら良い形で宇宙からの影響を与えることができますが、ネガティブな状態だと良くない形で地球に影響を与えやすくなってしまうのです。

「地球に影響を与える」ということは、地球に住む私たち人間も等しく、「月のフィルターを通った影響を受け続けている」ということになります。

ですから、何かをスタートする日を選ぶ時には、月の状況がポジティブな状況を選ぶことで、宇宙からのポジティブな影響をキャッチすることができるということになるのです。なんとなく占星術の宇宙観を感じていただけたでしょうか？

「月がネガティブな状況」とはどんな時？

スタートに適さない日は、前述のとおり、「月がネガティブな状況になっている時」です。その代表的な状況は大きく分けて3つあります。

スタートに適さない状況① 日食・月食の影響期間中
スタートに適さない状況② 月のコンバスト
スタートに適さない状況③ 月のボイドタイム

「日食・月食」はご存知かもしれませんが、なんだか見たことのないカタカナを見ると一気にテンションが下がる人もいるかもしれませんね。

でも大丈夫です！　内容はとても簡単で単純です。しかも、この内容は今後の人生において役立つ知識になるので、ここは踏ん張ってついてきてください。

スタートに適さない状況①
日食・月食の影響期間中

月と太陽がパワーダウンしている時は避ける

日食・月食はよく聞くワードだと思いますし、完全に太陽が隠れる日食が日本で見ることができると話題になった時は、「日食グラス」があちこちで売られていましたね。

「日食」という状況は、月がちょうどきれいに太陽に重なって太陽の光を遮ってしまう状況をいいます。

日食の時は不吉なことが起きるというのはよく聞く話です。不思議とこの「日食の不吉説」は世界中、古今東西、様々な時代・地域で語られてきました。

よく言われてきた日食の不吉な理由というのが、太陽は王様を表わすとされていて、「その王様の光を月が完全に隠してしまう」というものです。そうした背景から、日食が見える地域の王様は、亡くなったり、退陣に追いやられたりするなど、「リーダーに不吉なことが起きる」という意味で使われてきました。

一見すると、これらはただの言い伝えで、迷信のようにも思えます。ただ、じつは**占星術的に見ても、やはり「日食・月食」はあまり良いタイミングにならない**のです。

占星術的な観点で、太陽はすべての天体に光を当てています。それは、「パワーを送っている」という意味にもなるのです。

その大きなパワーを月が遮るというのは、ある意味で一時的に停電状態になったようなもの。やはり、大きなパワーダウンになってしまうのです。

その点で「月食」も同じですね。

月食は、月が満月の時、地球によって月が隠れてしまう状況を指しますが、月が太陽の光を浴びて光り輝いている時、その光を遮られるというのは、これも太陽、そして月の「パワーダウン」と見るのです。

占星術では月と太陽は極めて重要な天体です。その2つがパワーダウンしている状態は、「物事のスタートに適さない」ということになります。

できれば日食・月食の前後1週間は、何かをスタートするのは避けていただいたほうが賢明です。

ただ、日食・月食は多くの場合、連続して発生しますから、「前後1週間はスタートに良くない」ということになると、丸々1か月くらいは何もスタートできなくなってしまいます。

それでは様々なイベントに支障が生じてしまうので、**せめて日食・月食の当日と前後1日は特に重要なイベントを避けるように心がけてください。**

なお、日食・月食が「見えない地域」は、「見える地域」よりは影響が少ないと考えてください。

スタートに適さない状況②
月のコンバスト

月が太陽の熱に焼かれている時は避ける

コンバスト……、多くの人にとって初めて触れる言葉かもしれませんね。

コンバストは「焼かれる」という意味なのですが、太陽と月が前後8度（30分）以内にある時は、「月が太陽にコンバストしている」という表現をします。**「月が太陽によって焼かれてしまっている状態ですよ」ということ**です。

具体的にいうと、新月を中心に前後12時間が「月のコンバスト」になるので、この間はスタートには適さない期間になります。

では、「なぜ月が太陽に焼かれるのはダメなのか」というと、月は占星術でいうと「感情」や「心」を表わします。新月の付近は、自分の感情や心が、太陽の猛々しい「目標思考」の熱にやられてしまう、という意味になるのです。

ですから、コンバストの状況下で何かをスタートしても、「目的は達成できても感情や心が伴わない成功」という意味になり、喜びが薄い結果になりやすくなります。

以上の理由から、**新月の前後12時間は何かをスタートするのに適していない**と覚えておいてください。

ただ、この「月のコンバスト」のことを知らないプロの占星術師もけっこういるようで、インターネットなどを見ていると、「新月は何かをスタートするには最適です！」と書いている記事をよく見かけます。

新月は目標を掲げるのには最適な時ですが、行動としてスタートするのは避けたいタイミングです。どうか読者の皆さんは間違えないようにしてください。

スタートに適さない状況③ 月のボイドタイム

月が宇宙の影響を地球に与えられない時は避ける

ボイドタイムは、ひょっとすると、どこかで読んだり聞いたりしたことがあるかもしれませんね。占星術のことは知らなくても、「ボイドタイム」という言葉だけは聞いたことがあるという人は多いと思います。

ボイドタイムというのは、どういうものかを説明するには、かなり占星術の専門用語を使うことになってしまうので、ここではあえて簡単にお伝えします。

先ほど、「地球から見て月は最も近い天体であり、他の天体からの影響を最後に地球に与えるためのフィルターの作用がある」とお伝えしました。

この「最後のフィルター」である月が、他の天体とのつながりを一切なくしてしまう時間のことを「ボイドタイム」といいます。

「他の天体とのつながりがなくなる」ということは、「宇宙の影響を地球に与えることができない状態」、つまり、「地球が宇宙から孤立しているような状況」になってしまうのです。

こうなると、ボイドタイム中に何かをスタートしても、**他の天体とのつながりがない状況では、望みどおりの結果を出すことが難しくなる**ということになり、やはり物事のスタートには適さないタイミングになります。

この「ボイドタイムを避ける」という風習は、欧米の会社では重要視されることがあります。

たとえば、アメリカの化学企業のデュポン社は、ボイドタイム中に会議をすることを禁止しているといわれています。ボイドタイム中に会議をして出たアイデアや計画は、最終的に実現することが少ないと考えられているのです。

実際、私もいつもどおりやったつもりなのに、「どうも相手にうまく伝わらなかったな」と思ってカレンダーを見るとボイドタイム中だったということがよくあります。

以上のことからボイドタイム期間に何かをスタートさせるのは避けていただければよいのですが、ここで1つ問題があります。

日食・月食や新月からの前後12時間などは、新聞などを見れば「月が今、どういう状況なのか」がすぐにわかるので、対策がとりやすいでしょう。

ですが、ボイドタイムは、いつ始まっていつ終わるのか、そういう情報が新聞などには載っていません。

占星術で使われるカレンダーなどに記載されているのですが、かなりマニアックなので、調べるだけでも一苦労です。

その割にボイドタイムというのは1か月の間でもかなり頻繁にあります。1時間で終わる時もあれば、10時間くらい続くこともあり、その期間もまちまちです。

最近では、ボイドタイムの期間が記された手帳なども売っていますが、その情報のためだけに手帳を買うのも、わざわざ調べていただくのも大変なので、本書のために専用のサイトをおつくりしました。

そこでボイドタイムの情報を無料で掲載していますので、そちらを参考にボイドタイムを避けるようにしてください（巻末付録の袋とじページに示した本書の専用サイト参照）。

ここまでの情報をまとめると、次のようになります。

①日食・月食の前後1週間は避ける
②新月の前後12時間は避ける
③ボイドタイムを調べて避ける

この3つを避けることで、「スタートに良い日」に対する致命的な障害がほとんどなくなります。

発展が足踏みする「逆行期間」も要注意

特に気をつけたいのが水星と金星の逆行

最後に「逆行《ぎゃっこう》」という現象について解説する必要があります。

この逆行という言葉は、天文学や占星術の世界ではとてもメジャーなワードですが、一般生活では、まず聞くことがない言葉なので説明します。

「逆行」というのは、**月と太陽を除く8個の天体が、地球から見た時に、ずっと同じ方向に進んでいたのが、突然、反対方向に進んでいるように見える期間（現象）**を指します。

現実の話をすると、太陽系の天体は、当然ながら常に同じ方向を向いて進んでいます。

では、なぜ地球から見ると逆方向に進むように見える期間があるかというと、大きく2つの理由があります。

1つは、太陽を中心に天体は回っていますが、回っている軌道が楕円形なので、地球から見た時、早く動く時もあれば、逆方向に動いているように見える時が出てくるのです。

そしてもう1つの理由は、公転速度の違いです。要は、太陽の周りを回る速度が天体ごとに違うのです。

わかりやすい例でいうと、新幹線に乗っている人が窓の外の在来線の電車を見ると、電車は前に進んでいるのに後ろ向きに流れていくように見えることがありますね。あの現象と同じことが天体現象としても起きているのです。

この逆行現象の問題点を占星術的な観点で説明すると、極めて個人的なことに目が向きやすくなるので、「何のために自分はそれをするのか？」という目標を見失いがちになります。

月と太陽は逆行しないので、残り8個の天体の逆行を気にすればよいということになりますが、8個すべての逆行を考慮に入れると、「スタートに良い日」というのは年に数日しかないので、8個の中でも、**私たちの生活に直結しやすい「水星」と「金星」の逆行を意識するようにしましょう。**

というのも、逆行は、どの天体で発生するかによって、地球に住む私たちに与える影響が変わるのですが、水星と金星の逆行時には、次のような影響があるからです。

水星……意思疎通のすれ違い・情報伝達の問題・計算間違い・計器類の問題・ケアレスミス・契約書の不備

金星……好きな人に対しての迷い・恋愛の見直し・過去の愛情回帰・浪費

なお、「水星と金星の逆行現象がいつ起きるのか？」という情報も、新聞などには載っている情報ではありません。ですので、先ほどのボイドタイムと同じように、本書の専用サイトをご用意しましたので、そちらを参考にしてください（巻末付録の袋とじページ参照）。

この逆行現象も含め、チャプター3でお伝えした「スタートに適さない日」の天体現象は、「スタートに良い日」と表裏一体の、効果的に活用できる存在です。

「スタートに適さない日」の具体的な使い方はチャプター5でお伝えしますので、参考にしてください。

chapter 4

テーマ別に見る「スタートに良い日」の探し方

相談内容のトップ3、①結婚、②ビジネス、③引っ越し

ビッグイベントはなおさらタイミングが大事

ここまで月の満ち欠けから「スタートに良い日」を導き出す方法をお教えしましたが、**「スタートに良い日」は達成したい目的の内容によって変わります。**

私はこれまで数多くの人々に「スタートに良い日」をコンサルティングしてきましたが、相談を受ける内容で最も多いのが、ここでお伝えする**①結婚、②ビジネス、③引っ越し（移転）**に際して「良い日を教えてほしい」という相談です。

たしかに、この3つは人生に大きな影響を与えるビッグイベントですから、他の目

的やイベントよりも詳細に「スタートに良い日」を割り出したほうがよいでしょう（その他のイベントに関しては、チャプター3までの知識で問題ありませんが、128ページの「全テーマ共通！ 効果をより向上させる方法」は目を通しておいてください）。

もし今あなたが、結婚や仕事上の一大事、引っ越しなどのイベントを目前にしているのであれば、**タイムディレクションについて半信半疑の状態であったとしても、ひとまず本書で書いているとおりの「良い日」でスタートすることをオススメします。**

チャプター1で触れましたが、「タイミングのいい人と同じような人生を歩みたい」と望んでも、それを実現させるには、あなたの「思考」を変化させるしかありません。

ですが、思考を変えるのは、多くの人の場合、時間がかかってしまいます。

目前に迫っている人生のビッグイベントは、あなたの思考が変わるまで待ってはもらえないと思いますから、ひとまず「スタート日」を良い日にしておきましょう。その先にある成功体験が、きっとあなたの思考を変える手助けをしてくれるはずです。

それでは、次項からテーマ別に「スタートに良い日」を解説していきます。

24 テーマ別「スタートに良い日」①結婚

結婚相手はあなたの共同経営者

結婚に関しては、興味（予定）のある人もない人もいると思いますが、もし、実際に結婚したら、その先は「他人と一緒に何十年も生活する」わけですから、結婚が人生に及ぼす影響は甚大です。

何十年も経ってから、「この結婚は失敗だった……」と後悔しても手遅れですから、できることなら幸せな結婚生活を送りたいですよね。

もちろん結婚生活を幸せにするのは、相手を思いやる気持ちや愛情など、お互いの人格によるところが大きいでしょう。

ただ、**夫婦というのは1つの会社を共同経営するようなもの。**その「夫婦という会社」は、2人が結婚することで新しく生まれる存在なのです。

この世にないものが新たに生まれる以上、「夫婦という会社」のホロスコープを見ると、その夫婦の性格や傾向を読み取ることができます。

事実、その結果を実際の夫婦生活と照らし合わせると、ホロスコープで出た傾向の夫婦生活を送られているケースが数多く見受けられるのです。

また、「夫婦という会社」に性格がある以上、その影響をお2人が受けてしまうことも当然あり得ます。

たとえば、子どもが生まれると夫婦生活は一変し、子どもの資質や性格によって親の人生が変化するのと同様に、**「夫婦という会社」の性格によって、それぞれの人生が変わることもよくあること**なのです。

「どのタイミングで結婚したか」で夫婦生活の傾向を事前にある程度知ることができ、

良くも悪くも時の影響を受けるのであれば、より幸せな夫婦生活を送れそうな日を選び、その日に結婚をしたほうが安心です。また、その目的を達成するのは難しいことではなく、「スタートに良い日」で結婚すれば良いだけなのです。

比較的簡単な行動で未来に安心感を感じられるなら、安い投資といえるでしょう。

無宗教の夫婦のスタート日は「婚姻届を手渡した瞬間」

では、これから具体的に結婚のスタートに良い日を探す作業に入りましょう。

まず「結婚する」といった場合、「どのタイミングがスタート日になるの？」という疑問が出てきます。

これは国や風習によって変わります。

たとえば、欧米諸国であれば、多くの場合、**何らかの信仰を持たれている人**が多いので、その場合は**「神に夫婦になることを宣言した瞬間」**を夫婦の誕生日と見なします。

ですが、多くの日本人のように、特別何らかの宗教にはいらず、信仰を持っていないのであれば、神への宣言は大きな意味を持ちません。

たとえキリスト教式や神式、仏式などで結婚式をされたとしても、お2人に信仰心がまったくないのであれば、それは夫婦としてのスタートにならないのです。

ですから、日本においての**無宗教の人**のスタート日は、**「婚姻届を国に提出するタイミング」**を夫婦の誕生日とみなしてください。

もちろん、何らかの信仰をお持ちの場合は、そちらの宗教的ルールにのっとったものを「夫婦のスタート日」にしてください。

もし、あなたが夫婦の誕生日を「婚姻届」を出したタイミングで見るとした場合に気をつけていただきたいのが、夫婦のスタートは**婚姻届を役所に手渡した瞬間**になることです。

休日に役所の臨時窓口で婚姻届を提出し、係の人から「正式に受理するのは翌日の平日になります」と言われたとしても、占星術でいう夫婦のスタート日は、あなたが婚姻届から手を離したその時になります。**休日の臨時窓口で婚姻届を係の人に手渡し**

たその日が夫婦の誕生日です。

また、**郵送で送った場合は婚姻届をポストに投函した時**を夫婦のスタート日とみなします。このあたりは占星術的な少々クセのある箇所なので、どうかご注意ください。

夫婦の「スタートに良い日」を探すときの注意点

これでお2人の「夫婦のスタート日」をどのタイミングにするかはわかったかと思いますので、いよいよ「スタートに良い日」を探し始めます。手順は次の流れです。

ステップ1　月の満ち欠けから最適なタイミングを探す
ステップ2　スタートにふさわしくない月の状態をはずす
ステップ3　水星と金星が逆行している時をはずす
ステップ4　月が蠍座にある時をはずす

1つひとつ解説していきましょう。

ステップ1　月の満ち欠けから最適なタイミングを探す

月の満ち欠けの最適なタイミングは、新月から満月の「発展・拡大期間」を選ぶか、満月から新月の「整理・縮小期間」を選ぶかになります。

夫婦の発展を考えると、これは当然、**新月から満月の間の発展・拡大の期間を選ぶ**ほうがよいでしょう。

ステップ2　スタートにふさわしくない月の状態をはずす

チャプター3でお伝えしたとおり、**日食・月食の前後1週間と新月の前後12時間、月のボイドタイムを避ける**ようにしましょう。

ボイドタイムについては巻末付録の袋とじページを参照してください。

ステップ3　水星と金星が逆行している時をはずす

水星と金星が逆行する期間も入籍日には避けたほうがよいでしょう。

できれば水星・金星ともに避けたいのですが、結婚の場合は、**特に金星の逆行は絶**

対に避けるようにしてください。

金星の逆行は、好きな人に対して迷いや見直し衝動が高まる時期です。この時期に入籍をすると、そのご夫婦はずっとその影響を感じる関係になりやすいのです。

また、入籍はある意味、夫婦間の「契約」のようなものですから、お2人の間で「言った・言わない」の問答になることを抑えるためにも、水星逆行も避けておくほうが無難です。

ステップ4　月が蠍座にある時をはずす

ステップ3までの内容はチャプター3の復習なので、理解が進んだと思います。

最後のステップ4「月が蠍座にある時をはずす」というのは、ここで初めて出てきた内容になります。

テレビの情報番組や雑誌でおなじみの12星座占いは、その人の星座を、「太陽の位置」で判断していると説明しましたが、この太陽のように、月にも「現在は何座の月ですよ」というように、特定の星座のところにいる時期があるのです。

太陽は12星座を1年かけて1周回りますが、月はおよそ28日で1周します。なので、月が1つの星座に滞在するのは「およそ2日とちょっと」という短い期間になります。

月が蠍座に滞在する期間も1か月の中で「2日とちょっと」なので、この期間をスタートに選ばないよう気をつければよいということになります。

では、なぜ「蠍座の月」を避けたほうがよいのでしょうか。

蠍座は決して悪い星座ではないのですが、**「独占欲」や「隠し事」といった意味を持つ星座**といわれています。蠍座の月のタイミングで夫婦になると、「そのような感情に支配されやすい心理状態」ということになるので、占星術では、夫婦生活にはふさわしくないと一般的にいわれているのです。

昔の歌謡曲の歌詞にもなったように、よく「蠍座の女は怖い」などといわれたりしますが、蠍座は「感情がとても深く入り込む」という性質があるので、傾向として**執着心や独占欲が強くなる**のです。

「一途な恋」ともいえるのですが、前述したように、**別の視点では「隠し事」、すなわ**

ち「隠れた恋愛」も意味するので、やはり避けるほうが無難でしょう。

「蠍座の月」の調べ方ですが、これも簡単に調べる方法がありませんから、本書専用のサイト（巻末付録の袋とじページ参照）から確認をしてください。

以上の手順で入籍に良い日を選んでいただければ、「夫婦の誕生日」としては大きな問題を未然に防ぐことができます。

コンサルティングでのタイムディレクションでは、より厳密に「婚姻届を○月○日の○時○分に出してください」というアドバイスもできます。私のクライアントには、そうした厳密な情報を提供していますが、本書でお伝えしているレベルのタイムディレクションでも、かなりの効果は期待できますので、その点はご安心ください。

25 テーマ別「スタートに良い日」②ビジネス

法人登記や出店、プロジェクトのスタートにふさわしい日がある

結婚の次に多い相談が、ビジネスにまつわる「スタートに良い日探し」のご依頼です。

「ビジネスに関するスタート日」は、じつに様々な状況があります。

就職、転職、法人設立、店舗開店、一大プロジェクトのキックオフ、取引日……、数え上げればきりがないほど、多様なスタート日探しを依頼されます。

多様なだけに、じつは最も難しいのもビジネス関係のスタート日探しです。

ですが、**どんなスタート日であれ基本は同じ**ですから、次の手順どおりにすれば大

きく間違えることはありません。

ステップ1　月の満ち欠けから最適なタイミングを探す
ステップ2　スタートにふさわしくない月の状態をはずす
ステップ3　水星と金星が逆行している時をはずす
ステップ4　ビジネスの内容に合った月の星座のタイミングを選ぶ

では順番に見ていきましょう。

ステップ1　月の満ち欠けから最適なタイミングを探す

ほとんどのビジネスは「発展させたい」と思ってスタートしますから、**基本的には新月から満月の間でスタート日を決める**ことになります。

ただし、人員整理や解雇、業務縮小、会社の大掃除、クレーム処理、データ整理、金銭管理の見直しなど、「縮小や整理」にまつわるスタートも少なくないでしょう。その場合は、「縮小・整理」にふさわしい満月から新月の期間でスタート日を選びます。

ステップ2　スタートにふさわしくない月の状態をはずす

チャプター3や①結婚でお伝えしたとおり、**日食・月食の前後1週間と新月の前後12時間、月のボイドタイムを避けます。**ボイドタイムについては巻末付録の袋とじページに示した本書の専用サイトを参照してください。

ステップ3　水星と金星が逆行している時をはずす

ビジネスでは、対人関係・契約・金銭の問題が基本的についてまわります。できれば両方避けたいのですが、**特に契約関係や対人関係にまつわることであれば水星の逆行、金銭にまつわる事であれば金星の逆行は避ける**ようにしてください。

ステップ4　ビジネスの内容に合った月の星座のタイミングを選ぶ

最適な月の星座は、どのようなビジネスを始めようとするかで変わります。各星座の特徴的ビジネスを記載するので、該当する星座の月のタイミングを選んでください。

牡羊座……指導力や大胆さを必要とするジャンル（営業・新規開拓・起業関係など）

牡牛座……五感の活用や安定さを必要とするジャンル（芸術関係・経理・職人など）

双子座……文章や言葉・旅行にまつわるジャンル（広告・出版・旅行など）

蟹座……育成や日常生活、暮らしに関するジャンル（食料品・ホテル・保育士など）

獅子座……企画やイベント、ベンチャー関係のジャンル（起業・芸能・企画関係など）

乙女座……ルーティンワークや事務作業（秘書・サポートする仕事・事務など）

天秤座……対人関係や美に関するジャンル（接客業・モデル・デザイン関係など）

蠍座……研究や専門性、心にまつわるジャンル（研究者・調査員・カウンセリング・

葬儀関連など）

射手座……販売能力や観光関係、野心的なジャンル（営業・起業・観光業・ジャーナリストなど）

山羊座……公的関連や大組織、マネジメントのジャンル（公務員・会社員・マネジャー業など）

水瓶座……電気関係や最先端、IT関係のジャンル（コンピュータ関連・先端技術産業・電気産業など）

魚座……共感や精神性、福祉関係のジャンル（福祉・宗教・芸術・ボランティアなど）

月の星座を知るには、本書の専用サイト（巻末付録の袋とじページ参照）に入って確認をしてください。

この中から、あなたが始めようとしているビジネスの内容に合いそうな星座を選んでください。

「どれに該当するのかが、よくわからない」「近いものがない」という場合は、**蟹座か牡牛座を選ぶようにしてください。**月の能力が活発化しやすいのが蟹座と牡牛座だからです。

テーマ別「スタートに良い日」③引っ越し

入居日を良くすることで家族の生活が守られる

引っ越し（オフィスの移転を含みます）のタイミングも、そのベースは①結婚や②ビジネスと同様に下記の流れで探してください。

ステップ1　月の満ち欠けから最適なタイミングを探す
ステップ2　スタートにふさわしくない月の状態をはずす
ステップ3　水星と金星が逆行している時をはずす

それぞれのステップの解説は、115～116ページと120～121ページを適宜お読みになってください。

ただし、引っ越しに関しては1点だけ押さえておきたいことがあります。「いつの時点を引っ越しとみなすのか」、そのタイミングです。

引っ越しは、どのタイミングを「新居（新オフィス）での新生活（営業）が始まった」とするのかが特殊なのです。

通常、新生活が始まったとみなすタイミングは、**「新居に初めて荷物を置いた瞬間」**をいいます。

ですから、何かの手違いで「望まないタイミング」で荷物を置いてしまうと、その日が「新生活スタートの日」となってしまうので注意が必要です。

最善を尽くすならば、荷物を置き、飲み物を飲んで、その場から友だちなどに電話し、「引っ越したよ！」と宣言していただくと、そのタイミングが完全に新生活のスタ

ートになります。

というのも、引っ越しのスタート日の判定には、

- 食事を始めた日
- 人に引っ越しを宣言した時

など、諸説あるのも事実なので、「すべてを同時にやってしまったほうが安全」というわけです。

このように、引っ越しだけは少々そのスタート日の判断にクセがあるので、気をつけてください。

全テーマ共通！効果をより向上させる方法

そのイベントの関連日すべてを「良い日」にする

結婚といった一大イベントではなくても、その人にとって「重要なイベント」はたくさんあります。

恋愛であれば、デートやプロポーズをするタイミングも大事ですよね。旅行に行くタイミングや、車や住宅を購入するタイミングも、人生の大きなポイントになります。

これらのタイムディレクションも、基本的にはこれまでお伝えした3つのステップを順番にクリアすれば、最適なスタート日を導き出すことができます。

これに加えて、さらに「スタートに良い日」の効果を向上させる方法を、ここではお伝えします。それは、**そのイベントにまつわる「すべてのタイミング」を良い日にする**ということです。

たとえば、車を買う場合は「スタートに良い日」に購入します。

これはこれで正解ですが、「車を購入する」と決断する前に、たいていの人は何度かディーラーに出向き、試乗をするはずです。検討中の車が高額であればあるほど慎重に選びますし、購入するか否かの判断にも間違いは避けたいモノです。

ですから、車を選ぶ際、ディーラーに初めて行く日もタイムディレクションをしてより良い日を探し、その日に出向くようにします。つまり、最終的に達成させる目的に至るまでに必要な「大切な日」をすべて「スタートに良い日」にするのです。

こうすることで、すべての点であなたが満足する結果になりやすくなるでしょう。

イベントの規模が大きくなればなるほど、1日だけですべてが決まることにはなりにくいでしょう。

ビジネスのプロジェクトも、成功させるには会議を行なう日も大事ですし、そのプロジェクトに集客が必要なら、広告を出す日も重要になります。

それらの要素がすべて整って初めて1つの大きなプロジェクトが成功するのです。

もちろん、何から何まで良い日を探していると、それは大変な作業になるので、絶対に失敗したくない大切なイベントの時だけでかまいません。

ですが、人生には失敗したくないイベントが不意に出現します。そんな時、万全を期す方法を知っているか知らないかで、あなたの人生の展開が変わってきます。


「はじめに」でお伝えした「天・地・人」を思い出してください。


物事を成功させるためには3つの要素を整える必要があるという話です。「天の時にかなったタイミング」と「最適な場所」と「最良の人」を揃えることが物事の成功には必要なのです。

この中で、目に見えず、人の実力で何とかできない「天の時にかなったタイミング」を整える作業が「タイムディレクション」です。あなたの大切なイベントを、より良い結果にするためにも、タイムディレクションをうまく活用してください。

chapter 5

「スタートに適さない日」を逆手に取る方法

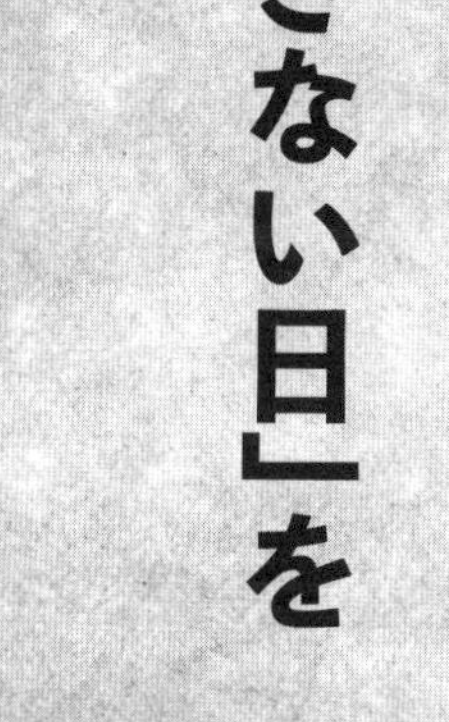

28

「凶」と呼ばれている時を「吉」として活用しよう

「凶」のタイミングは人として成長できる時

ここまで「スタートに良い日」の探し方をお伝えしてきました。

その過程で、どうしても「良くない日」として排除してきたタイミングがありました。**「日食・月食」「新月」「ボイドタイム」「逆行」**です。

タイムディレクションの内容をわかりやすくするためとはいえ、あたかも「凶の日」というニュアンスで説明してきましたが、本来これは適切な説明ではありません。

たしかに、古来の占星術の見方だと、「凶」としての意味でとらえることが多いタイミングではあります。ただ、現代においては、そのような考え方は、古くさく、ナンセンスです。

むしろ、**凶作用のような、ハードに影響を受ける時こそ、「人間的にも、人格的にも大きく成長するチャンスだ」ととらえるほうが活用方法としてはベター**だといえます。

東洋の遁甲盤《とんこうばん》を活用した吉凶の方位を見る技法でも、より応用的な発展を求めて、あえて凶の方向に旅行に出かける人もいます。

占星術においても、ハードな天体や凶といわれるつながりがありますが、そうしたハードな要素がないと、やはり人間的応用力に欠けた人物になってしまうのです。

ですから闇雲に「すべてを吉で満たせば幸せな人生を送れるのか」というと、必ずしもそういうわけではないのです。

時代をリードし、多くの人に愛された偉人たちの人生は、得てしてハードな人生を送っていたケースが少なくないことからもわかります。

このように語ると、「では、タイムディレクションで『良い日』を探す意味がないではないか！」という意見が出てきそうです。ここで間違えてほしくないのは、**ハード**

なタイミングを「凶」と知って活用するのは良いのですが、「凶」と知らずに無防備に突っ込むことをオススメしないということなのです。

大切なイベントのスタート日を、ハードな日程でばかり無意識に選んでしまうのは、一種のクセのようなモノなので、そのようなクセがあるとしたら、やはり本書を手に取られたこのタイミングで、その悪癖を消していただくことをオススメします。

ひとまず、本書に書いている内容どおりにタイムディレクションをして、人生をより良い状態にすることを最優先に考えてください。

そのうえで、「凶」といわれる日をうまく活用し、さらに発展することも、人生の次なるステップ（楽しみ）とするとよいでしょう。

とはいえ、この章は「タフに生き抜くための実践をしてください」という話ではなく、**「良くない日として避けたタイミングも、じつはポジティブな使い方があるんだよ」**というお話です。

本書を取られたのも何かのご縁。せっかくですから、「良くない日」として避けるだけではなく、ポジティブな活用もぜひ実践してみてください。

夢実現のターボチャージャー「日食」

日食は「ボーナスステージ」のようなモノ

「日食」は、古来より「不吉な天体現象」とされてきたということはチャプター3でもお伝えしました。

占星術的な見方でも、良くない意味合いでとらえられがちですが、別の視点で見ると、とても効果的なタイミングにもなります。

チャプター2でお伝えしたとおり、「新月」には目標を設定し、「満月」でその目標の結果を受け取ります。

そのサイクルを毎月繰り返しているのですが、たまたま太陽を遮ったり月を遮ったりするので、「日食」や「月食」という名前になっていますが、言い換えると、この現象は「新月」と「満月」です。

ということは、日食の時にも目標設定をすべきなのですが、この日食のタイミングでの目標設定は、**実現力という意味でとてもパワフルなタイミング**といわれています。

占星術で「新月」は、目的意識（太陽）が感情（月）に流れ込むことをいいます。これは月にとってはパワーチャージのタイミングなのです。

このパワーチャージがよりなされるのが「日食」のタイミングで、太陽の光を月が一身に受けるわけですから、まさに**ターボチャージャーを搭載したようなエネルギーを月が持つ**というイメージになるのです。

エネルギーに満ちた月が満月に向かってパワフルに活動するわけですから、目標の実現力という意味でもターボがかかったような状態になります。

ですから、「新月」のタイミングでも目標設定は大事なのですが、私のクライアントには、「普段の新月で目標設定をしていないとしても、日食のタイミングでは必ず目標設定をしてください」と呼びかけています。

これほどまでに強調するのにはもう1つ意味があります。**日食での目標設定は、次の日食まで効果が維持される**のです。

なので、通常の新月よりも効果の持続期間が長いわけですから、日食の時期は、ゲームの世界でいうボーナスステージのようなモノになります。

新月や日食での目標設定の方法

では、これから、私がいつもクライアントにオススメしている新月や日食での目標設定の方法をお伝えします。

あえて少しスピリチュアルな要素も入れてご案内しますから、抵抗がない人は、その点も活用していただければと思います。

ステップ1　新月（日食）から8時間以内に目標設定をしよう

新月の目標設定をするのに最適なタイミングは、**新月が始まってすぐが一番効果が大きい**です。

この効果は時間が経つごとに小さくなりますが、新月から8時間以内であれば大きな効果を期待できます。ですから、できる限り8時間以内に目標設定を始めるようにしてください。

ただ、どうしてもこの時間内にできない場合は、**遅くとも48時間以内に済ませる**ようにしてください。これ以上遅くなると新月の効果が期待できにくくなります。

ステップ2　必ず新月（日食）を過ぎてから行なう

新月になる瞬間は正確に発表されています。本書の専用サイト（巻末付録の袋とじページ参照）で新月の時間を確認してください。

新月の目標設定は、**新月の時間が過ぎてからする**ようにしてください。新月になる前にしても、まだ新しいサイクルが始まっていないので、効果はまったく期待できません。

ステップ3　目標の個数について

「目標の数はどれくらいにしたらよいのですか？」とよく質問されます。

一般には10個以内といわれています。

ですが、私の感覚としては、**いくつでもOK**だと感じています。宇宙の懐はそんなに小さくないので、100個でも200個でも問題はありません。ただし、**「その目標や願い1つひとつに、心からしっかりコミットできるなら」**というのが条件です。

目標の個数が問題なのではなく、個数が多すぎると、その目標に対して心からコミットするのが大変になります。その結果、目標の数が多すぎると叶わなくなりがちです。

そう考えると、たいてい「10個程度が妥当であろう」ということで、「10個まで」とよくいわれているのです。

個数ではなく「心からコミットできる目標を書くこと」を意識してください。

ステップ4　ボイドタイムは避ける

ボイドタイム期間中は物事の実現力が著しく低下するので、目標を設定するには適さない時期になります。

本書の専用サイトには、ボイドタイムのタイミングも記載されているので、そちらを参考に、ボイドタイム期間中を避けて目標設定をしてください。

ボイドタイムの影響によって、新月から8時間以内の目標設定ができない日もありますが、こればかりは仕方がありません。48時間以内に目標設定するようにしましょう。

ステップ5　神社仏閣で目標を天に上げる

ここで少し精神世界的な、目に見えない存在の力も、せっかくなので借りてしまいます。

「天・地・人」というワードを本書では何度もお伝えしています。

「天・地・人」は、「天の時」「地の利」「人の和」という意味があり、この3つの条件を満たすことで目標が実現しやすくなりますが、**神社仏閣で目標を掲げることで「地の利」を満たすことができる**のです。

なぜなら日本の場合、神社は大抵「レイライン」と呼ばれる、いわゆるパワースポットのような土地の力が強いところに建てられています。

「新月」や「日食」の時は宇宙と地球がコネクトできている状況ですし、神社で目標を掲げることで、土地のエネルギーも活用し、宇宙にその願いをより上げやすくなるのです。

昔から、日本のお祭りでは、神社に村人が集まって祈願をしていました。あれはたいへん理にかなった行動なのです。

ですから、新月の目標を宣言する時、神社仏閣に出向くことで、目標の実現がさらに期待できるようになるのです。

ステップ6　人と一緒にお願いをする

これは先ほどの神社仏閣の「地の利」を満たすということに引き続き、今度は「人の和」を満たす条件になります。**あなたの目標に賛同する他人が、あなたと同じ目標を神社仏閣でお願いすると**、目標の実現がさらに期待できるようになります。

よく会社の業績を上げたい場合に、社長のほか、幹部や社員も一緒に神社で祈祷を受けているシーンを見かけますが、このお願いのしかたはとても効果が大きいのです。

複数人かつ同じ場所・同じ時間で同じ願いを掲げると、「天・地・人」のすべての条件を満たすので、かなり実現力が高まります。

先ほど、「日本の古来からのお祭りは神社で行なう」と述べましたが、あれは村人全員が神社に集まって皆で豊作を祈願したりしますよね。日本人は昔から「天・地・人」を満たした目標設定法を繰り返し実践していたことになります。

以上のステップ1～6までを新月や日食のタイミングで繰り返し実践すると、自然と「天・地・人」の3条件を満たすので、あなたの目標実現力は格段に上がります。

30 魔の時間「ボイドタイム」を上手に活かす秘訣

ボイドタイムだからこそ「はかどる作業」もある

チャプター3でお伝えした「月のボイドタイム」は、「魔の時間」として嫌われている時間帯です。

ボイドタイム中に何かをスタートさせた際のデメリットとしては、**実現力の低下と感情コントロールの低下が起きやすい**といわれています。

それゆえに、特にビジネスの場では活用しづらく、最終的に「魔の時間」とまで言われるようになってしまいました。

とはいえ、本書専用サイト（巻末付録の袋とじページ参照）を見ていただくとわかるとおり、ボイドタイムは1か月の中でも頻繁に登場します。魔の時間がこんなにあっては困りものですね。

なので、ここでは月のボイドタイム中を快適に過ごすオススメの方法をお伝えします。

・日々のルーティンワークをする

ボイドタイム中はボーッとしやすいので、何か新しいことやクリエイティブなことをするより、**毎日やり慣れている作業をする**ことをオススメします。頭に雑念が入りづらいので、普段よりも作業が進みやすくなり、効果的です。

・1人で完結する仕事や作業をする

ボイドタイム中は共同作業がなかなかうまくいきません。なので、この期間中は思い切って「自分だけの世界」に没頭し、**できる限り1人で完結する仕事に専念する**ようにしてください。

・**内観や瞑想をする**

ボーッとしやすいという意味では、内観や瞑想にはピッタリな時間といわれています。こういう時こそ**静かに自分を見つめる**ようにしてください。

どうしてもボイドタイム中に大事な案件に対峙する場合は

ボイドタイムは1か月の中でもかなり多くあるので、仕事などをしていると、どうしても避けられない場合も出てきます。その場合の対処法をお伝えしておきます。

ボイドタイムに入ったら、**意識をハッキリとさせて、気を抜く瞬間をつくらない、これを徹底してください。**

ボイドタイムは「月」が孤立しているタイミングです。この月が危険にさらされているわけですから、できる限り月（感情）が表に出ないようにする対策が必要になります。なぜなら、「月」が出やすいタイミングは、あなたがリラックスしている時だからです。

ですから、気を抜く時間を減らし、常に意識をハッキリとさせておけば、ボイドタイムの影響を限りなく減らすことができます。

ただ、これにも欠点があって、あなたがボイドタイム対策をしても、他の人はボイドタイムの影響を受けています。やはり、**チームワークでの作業や会議、決定、契約ごとなどは避けていただいたほうがよい**でしょう。

「昔の感動をもう一度！」を実現するタイムマシン「逆行」

「過去」に意識が向くからこそ再現しやすいことがある

チャプター3でご紹介した「逆行現象」ですが、大きなデメリットとして、「目標を見失いやすい」という影響が出やすい時期です。

それほどに「個人的なことに目が向きやすい」ということでもあるのですが、この逆行現象には、もう1つ、とても大切な要素があります。それは、**自分の過去に対してのアプローチがしやすくなる**ということです。

どういうことかというと、人生を能動的に生きようとすると、基本的には未来を見据えて歩んでいくというのが通常です。ただ、逆行現象が起きた時は、その未来への意識が、**「自分の過去の経験の中から可能性を見つけよう」**という意識に変わりやすくなります。

逆行の作用を逆手に使うことで、様々な効能を発揮させることもできるのです。

それでは、これから「逆行現象」の3つのメリットをお伝えしますので、ぜひ活用してみてください。

メリット1　過去の成功体験で、再び成功できる!

逆行中は、自分の「考え」や「好み」が過去に向かいやすい時期です。

新しいことをするには不向きですが、**過去については、普段より鮮明に思い出す**ことができます。

たとえば、「今は1人で仕事をしているけど、昔はチームで仕事をして大きな成果を生んだ」という成功体験があれば、**当時のマインドを思い出し、追体験をしやすい**時期なのです。

もし、「あの頃の気持ちに戻りたい」と思うことがあれば、この逆行時はとても良いチャンスです。昔の楽しかった日々を思い出し、心が満たされる感動をもう一度楽しむのもよいでしょう。

また、忘れてしまった遠い過去の記憶を思い出すことができるのも、この期間になります。

メリット2　振り返りと反省に最適!

逆行の時期は、思考が「過去」に注目しやすくなります。なので、逆行期間中は、**これまでの自分の行ないや考え方を振り返り、再調整するのに最適な時期**です。

過去を思い出す中で、「ある人にひどいことをしたな……」と思うことがあれば、当時の自分の行為について謝罪をするのもよいでしょう。そういった、**過去の反省や人への感謝を思い返す機会**としては最適です。

メリット3　復縁が実現しやすい！

もし、あなたに未練のある恋愛があるとしたら、この逆行期間中はチャンスに変わるかもしれません。

水星逆行時も効果的ですが、特に金星逆行時は過去の恋愛の記憶を蘇らせるのに最適な時期です。もし、過去の恋人とのお付き合いがとても素敵なものだったとしたら、その楽しかった日々を思い出すのはとても簡単です。

この作用をうまく利用して、復縁の願望を叶えやすくすることができます。

方法は、とても簡単！　**逆行の期間中に復縁したい人にコンタクトをとればＯＫ**です。

ただ、最初のコンタクトはメールや手紙など、相手が過去のあなたとのお付き合いを思い出す余裕を持てるようにするのがポイントです。

相手が、「あの頃は楽しかったなぁ」と感じた頃合で、デートのお誘いなどをすれば、普段よりも実現しやすいでしょう。

ただし、**これが有効なのは、「本当に楽しいと思えるお付き合いをしていたカップル」だけ**です。相手があなたとの交際に苦痛を感じていた場合は、その感情も鮮明に思い出してしまうので、逆効果になりかねません。

デート中は、できる限り過去の楽しかった思い出話に花を咲かせてください。盛り上がってくると、これからの2人の将来の話もしたくなるでしょうが、未来のことは「逆行期間が終わってから」にしましょう。逆行期間中に未来を語っても、それこそ「絵に描いた餅」になりがちだからです。

「復縁だけ」を目標に、過去の楽しい思い出話からよりを戻す展開の話をして、将来のことについては語らないというのがポイントですよ！

ちなみに、「昔、付き合っていた彼（彼女）とヨリを戻したい」「離婚した夫（妻）との復縁を希望しているが、どうすればいいか」という相談も、じつは非常にたくさん受けるテーマです。

そこで、改めてポイントをまとめましたので、参考にしてください。

復縁を実現するポイント
・最初はメールや手紙でコンタクトをとる
・デート中はできる限り楽しい思い出話を語る
・復縁の実現だけを目指し、将来の話はしない

このように、「凶」といわれる期間でも、その活用の仕方しだいで、人生を彩るステキなタイミングにも変えることができます。

ぜひあなたも、これらの期間をうまく活用し、人生をより発展させてください。

chapter 6

「時の流行」を押さえれば時代の後押しがある

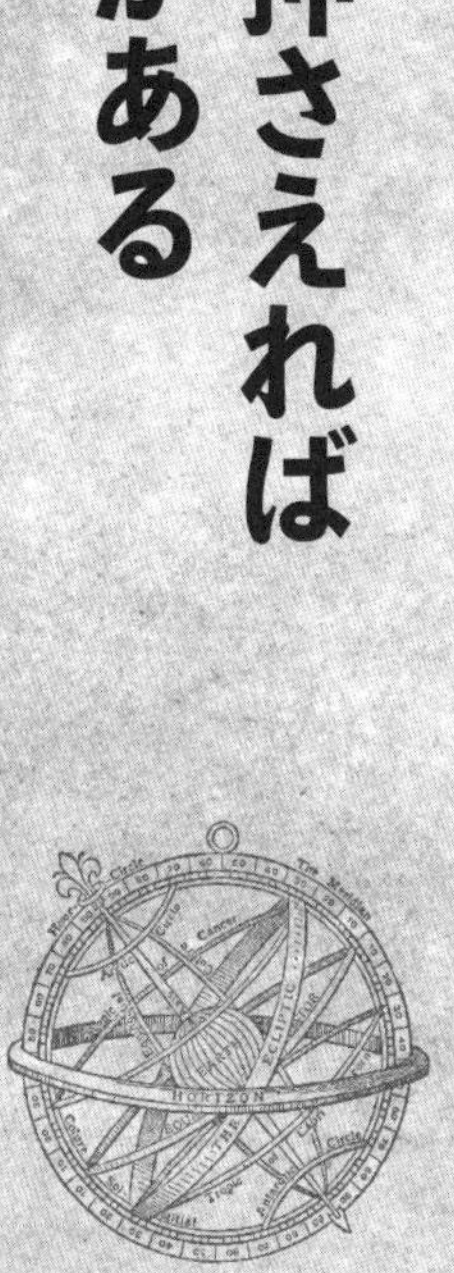

32 時代を読む時にも使われる占星術

様々なものと星の動きはリンクしている

最終章であるチャプター6では、占星術のテクニックを活用して、「時の流れ」に深く切り込んでいきます。

占星術は、人の人生傾向を知ることができるほかに、農業や金融、会社の動向から国の動向まで、様々な分野で応用的に活用されています。

さらに、「これからの私たちの時代がどのように変化していくのか」「どのようなことが流行する傾向にあるのか」といったことも、ある程度予測することができるのです。

よく様々な占いによって、地震の予測やスポーツの勝敗予想を期待されることがあります。占星術も、そういった予測ができないことはないのですが、特に人の生き死に等に関わる予測は、当たってもはずれても良い結果を生まないので、最近では予測を発表する人はほとんどいないのではないかと思います。

ただ、「過去に起こった歴史に対して占星術を使って検証する」と、たいへん興味深いデータになるので、私もよく研究しています。

そこでチャプター6では、星の動きと歴史がいかにリンクしているのかを少しご紹介し、そのうえで「将来どのような時代になりそうか」をお伝えします。

「これからの時代がどのようになる傾向にあるのか」がわかっているだけで、何も知らない人よりは有利に人生を生きられるようになるというのは想像に難くないでしょう。

「社会」に影響を与える冥王星

15～30年スパンで特定の星座を刺激し続ける冥王星

占星術で時代や社会の流れを見る場合に利用する天体は主に「天王星」「海王星」「冥王星」の3天体の動きを参考にしていきます。

その中でも、**比較的ハッキリと時代に影響を与えているのを感じやすい天体が「冥王星」**です。この天体の動きと歴史を見比べることで、冥王星が地球や私たち人類にどのような影響を与えている可能性があるのかを見ていきたいと思います。

占星術には12星座があります。これは、太陽を中心に見た時にその周りを12等分し、それぞれに星座をあてがったものが12星座です。

そして、「どの星座の場所に何の天体が来ているのか？」を見てリーディングするのが占星術の基本的なテクニックになります。


私たちの住む地球は、太陽を1周回るのに365日の期間を要します。

ということは、地球が、牡羊座から魚座までの12星座を1周すべて移動するのも、およそ365日かかるということになります。

そうなると、1つの星座に地球が滞在しているのは、およそ1か月の30日間程度になりますから、これにより、「何月に生まれると何座です」ということがいえるわけです。


では次に、冥王星に目を向けてみましょう。

冥王星のように、太陽から最も離れている天体は、太陽の周りを1周するのに、およそ249年もかかります。地球のじつに249倍です。

ということは、冥王星が12星座をすべて1周するのも249年かかるということですから、1つの星座に滞在する期間はおよそ20年程度ということになります。

ただ、実際のところ冥王星は大きな楕円軌道で進んでいるうえ、見た目が逆行している期間もあるので、1つの星座での滞在期間が短いときもあれば、長いときもあります。

ですので、おおよその目安として、1つの星座に約15～30年くらいのスパンで滞在しているとイメージしてください。

冥王星が占星術ではどのような意味合いのある天体かというと、一般に、**「死と再生・破壊・こだわり・脅迫・変化・極端さ・強制力・支配・核に関すること」**と説明されています。あまり穏やかではない意味合いを持っているのが冥王星の特徴です。

占星術では、月を含めた水星・金星・太陽・火星・木星・土星・天王星・海王星・冥王星の10個の天体の動きを見て様々なリーディングをするのですが、**10個の天体の中で最も影響力が強く破壊的な意味合いを持つ天体が「冥王星」**です。

この冥王星がどこかの星座に入ると、その星座を15～30年かけて刺激し続けるのですが、本書を執筆している2016年11月現在は「山羊座」に滞在しています。

過去の例を使って見ていきましょう。

現在山羊座に滞在する冥王星は、今から100年ほど前には、双子座から蟹座へと移動していました。

冥王星が時代に大きなインパクトを与えやすいタイミングは、次の星座に移動する前後の時です。冥王星が完全に蟹座に入りきった時が1914年5月27日でした。このおよそ1か月後の1914年6月28日にサラエボ事件が起き、それに端を発して約1か月後の7月28日に第一次世界大戦が勃発しました。

その後、5年に及ぶ大戦の結果、900万人以上の兵士が戦死する史上2番目に犠牲者の多い戦争になりました。

もう少し見てみましょう。

12星座でいうと蟹座の次は獅子座です。冥王星が蟹座から獅子座に移動した時期が1939年6月14日ですが、この約3か月後の9月1日、ドイツ軍がポーランドへ侵攻したことをきっかけに、第二次世界大戦が勃発しました。世界61か国が参戦し、4000万人以上の犠牲者を出した人類史上最大の大戦争となりました。

明記するのも辛くなるような痛ましい歴史ですが、冥王星の星座移動と歴史の符合という意味で見ると興味深い関連性を感じていただけるかと思います。

ここからは簡単に記しますが、その後も冥王星が次の星座に移動する度に、世界ではインパクトのある事件が起きています（次ページ参照）。

これらをすべて「偶然」と言ってしまうのは簡単ですが、これはほんの一例で、過去をさかのぼってひも解くと、このような事例を数多く見つけることができます。

ですが、ここで星の動きと史実を関連させて紹介したのは、「占星術は予言ツールとしていかに優れているか！」ということを言いたかったわけではありません。むしろ、嫌な予言ははずれたほうがいいに決まっています。

ただ、宇宙に浮かんでいる天体は、意味もなく太陽の周りをグルグル回っているわ

冥王星の動きと史実の関連

1915年5月27日 蟹座入り	➡	同年7月28日 第一次世界大戦
1939年6月14日 獅子座入り	➡	同年9月1日 第二次世界大戦
1956年10月20日 乙女座入り	➡	同年10月29日 第二次中東戦争
1971年10月5日 天秤座入り	➡	同年7月15日、8月15日 ニクソンショック
1983年11月6日 蠍座入り	➡	同年 HIV（エイズ）ウイルスの存在を確認
1995年1月17日 射手座入り	➡	同年同日 阪神・淡路大震災
2008年1月26日 山羊座入り	➡	同年9月15日 リーマンショック
2024年11月20日 水瓶座入り	➡	？？？ ？？？

けではなく、「目に見えないけれど、地球やそこに住む私たちに何らかの影響を与えている可能性があるかもしれない」という、おそらく皆さんが今まで考えたこともなかった新しい視点を知っていただきたくてご紹介しました。

こうしたお話をすると、「では、将来、どのようなことが起きやすいのか知りたい！」と考える人が少なくないでしょう。

残念ながら私は神様ではないので、何が起きるかを言い当てることはできませんが、「こういったことが起きそうである」という傾向をお伝えすることはできます。なぜなら、**「冥王星の移動先の星座の特徴」を読むことで、ある程度予測ができるからです。**

現在、山羊座にいる冥王星は、２０２４年11月20日、水瓶座に移動し始めます。「水瓶座」は、「新しいビジョンを掲げて現在の社会を否定する」というテーマを持っています。ですので、既存の法律や社会、主義主張や思想に対して「否定するような出来事」が起きる傾向があると見ることができます。

たとえば、「日本国憲法が大幅に変更される」「資本主義が崩壊し、新たな時代を迎える」「貨幣制度が大きく変化する」といった、現在、一部の識者の間でささやかれているような内容が実際に起きるのが、2024年以降の冥王星が水瓶座に入る前後のタイミングになるのではないか、と予測ができるのです。

このように、あなた独自の想像で、「これからどんな時代になりそうか」「自分のビジネスにどういった影響がありそうか」をイメージし、将来を予測してみてください。

「流行」をつくり出す天体 海王星

何が流行するかを知りたいときは海王星の星座を見る

ここからは「社会」というマクロ的視点ではなく、「生活」という身近な場で活用しやすい「時の流行」についてお伝えします。現在、あなたが何らかのビジネスをされているとしたら、これからお話しする海王星の内容は興味深く感じるはずです。

占星術でいうところの海王星は、**「芸術・幻想・神秘感覚・霧・無意識の世界」**という意味があるとされています。

「なんともつかみどころのない特徴だ」と思うかもしれませんが、海王星は私たちの生活に大きな影響を与えます。それは、「これからどのようなモノやサービスが地球で流行するのか？」といった**「流行」を教えてくれる天体が海王星**だからです。

海王星が太陽の周りを1周回る期間は冥王星に次いで長く、およそ165年かかります。

海王星は、「幻想」や「無意識」を意味すると前述しましたが、時代という大きな流れに対して影響する場合は、「集団無意識」に大きな影響を持つ特徴があります。

つまり、私たち人類全体が無意識に抱いている印象に対して影響を与えてくる＝知らず知らずに人類全体が向かっている方向に影響を与えるといえるのです。

具体例を挙げるならば、ミニスカートが流行すれば多くの女性がミニスカートをはき、あるゲームが流行すればみんなが同じゲームで楽しむというような感じです。

海王星も冥王星と同じく、現在、どの星座にいるかを見ることで、「人類はどのような方向に歩もうとしているのか？」を知ることができます。

まずは過去の流行を検証することで海王星の効果を確認してみましょう。

1984年1月19日から1998年1月28日まで、海王星は「山羊座」にいました。山羊座は「社会・職場・業界」を表わす星座です。その山羊座に海王星が入ると、海王星は「山羊座的な内容」をターゲットに流行を生み出そうとします。

1984年から1998年というと、ちょうどオフィス内業務のOA化が発展した時期です。それまでの「紙に書く」というオフィスワークから、ワープロやパソコンを使用して「入力する」というデジタルでのオフィスワークに大転換しました。

ですので、この時期はOA機器の流通が世界的に盛んになり、その流れに乗った企業は大きな利益と発展があったのです。

山羊座の次は「水瓶座」です。海王星は1998年1月29日～2011年4月3日まで「水瓶座」に入っていました。

水瓶座には、「電波・国境を越える・博愛・電気関係」といった意味があります。

1998年から2011年の間で、電気関係で国境を越えるようなもので新しく発展したものが何かわかるでしょうか？　そう、インターネットです。

1998年というとWindows 98が発売され、Googleが法人化した年でもあります。1998年当時、主要国のインターネット普及率は10～30％程度でしたが、2011年には70～95％まで普及するに至りました。その結果、地球の裏側にいる人とも、個人が極めて安価に通信をすることができるようになりました。

この期間にインターネットを利用した産業も爆発的に増加し、大きな発展を見せたのも記憶に新しいでしょう。まさに水瓶座的な内容での発展をしたといえます。

ビジネスの新規参入は「次の星座」をチェックして検討を

ここまで、直近の過去を検証してみましたが、社会の流行を「ビジネス」に関連づけた場合、山羊座時代のOA機器やオフィス家電、水瓶座時代のインターネットのインフラ整備などは、ご存知のとおり大手企業がほぼ完全にシェアをとっている状況です。この分野への新規参入は、特に中小企業にとってはハードルが高いといえます。

ですから、**これからビジネスで新業種への参入を目指すなら、水瓶座の次の星座である「魚座」以降の内容で挑戦されるほうが、時の流行の助けもあって、よりスムー**

ズな発展へとつなげやすいでしょう。

２０１１年４月４日〜２０２５年３月29日まで、海王星は魚座に入っています。魚座は、「心・優しさ・共感・精神・癒やし・スピリチュアル・ボランティア」といった意味があります。

魚座にまつわる内容の流行というと、現在、産業規模を拡大しているスピリチュアル関係、瞑想や催眠療法などの民間医療、ホメオパシーなどのＣＡＭ（代替医療）、ＣＡＭと近代西洋医学を組み合わせた統合医療も、この魚座・海王星の象徴です。

また、近年、精神疾患を有する患者数が爆発的な増加を示しています。厚生労働省が発表している「患者調査」の「精神疾患を有する総患者数の推移」を見ると、１９９９年には約２０４万人だった精神疾患患者数は、２０１４年には約３９２万人と、およそ2倍に増えています。

こうした状況は日本だけでなく、先進国を中心に社会問題化していますが、その原因や治療方法は明確になっていません。それほど深刻な問題ですので、この難問を解決するための研究やサービスは、当面、発展する傾向にあるといえるでしょう。

産業規模を急ピッチで拡大しているスピリチュアル産業は、2011年時点で1兆円を超す産業になっており、右肩上がりで成長しているというデータがあります。「スピリチュアル」と一言に言っても、占星術のような占いも入りますし、気やオーラ、チャクラ、波動、風水、ヒーリング、セラピー、ヨガ、瞑想など、内容は様々です。

これらの、いわゆる**「目に見えないが、どうやら存在しているようだ」という、直感的・感覚的、精神的なジャンルが発展しやすいのが魚座の特徴**といえます。

さらに、近年ではボランティアへの関心も高まりを見せています。ソーシャルアントレプレナー（社会の課題を事業により解決するビジネス）やプロボノ（仕事スキルを活用した社会貢献）など、「お金稼ぎよりも社会貢献している人のほうがカッコイイ！」という風潮の強まりです。これらの動きも魚座的な発展力といえるでしょう。

ただ、スピリチュアルやCAMなどは、エビデンス（科学的根拠）の不足を指摘されると反論しにくい分野です。これほどに時代が大きく「精神分野」に発展していても、ややもすると「怪しい」とか「オカルト」といった視点で見られがちですから、水瓶座時代に一大旋風を巻き起こしたインターネットのような、誰が見てもわかりやすい発展力にはならない印象を現時点で持ちます。

それでも、これら精神的な分野に関して、信じる・信じないに関わらず、スピリチュアル関係の産業が発展しているのは反論しようのない事実です。

また、その発展は海王星が魚座を抜ける2025年まで続く傾向にあると読めますから、この分野を自社のビジネスに取り入れたり、新規参入する場合は、「2025年までに行動しておいていただいたほうが良い」ということになります。

スピリチュアルやボランティアのほかにも、魚座は前述したように、「心・優しさ・共感・癒やし」もテーマになります。このキーワードから連想できるようなサービスやコンテンツがこの時期は流行しやすいので、**ご自身が現在携わっている業種に当てはまるビジネスがないかを考えてみてください。**

私の例になりますが、海王星が魚座に入ったタイミングで携帯電話の修理サービスを始めました。おかげさまで順調に右肩上がりで成長し、最終的にはそのコンテンツを関連業者に譲渡しましたが、これは海王星・魚座にぴったりの業種でした。なぜなら、修理は古いものを直す作業なので、新製品よりも思い出を大事にするとか、愛着のあるモノを大事にしたいという「心」を満たすことに貢献できる業種だからです。

このように時期や流行を間違わずに業種を選び、ビジネスに参入できれば、**上りのエスカレーターに乗ったようにスムーズに発展させることも比較的容易といえます。**

ですので、ぜひ一度、ご自身の身の回りの業種と魚座のキーワードを照らし合わせて、何か力を入れるべきサービスはないかを検討してみてください。

2025年3月30日以降の時代はどうなる？

2025年の魚座以降の時代もお伝えしておきましょう。

2025年3月30日から2038年5月21日まで、海王星は「牡羊座」に入ります。**牡羊座は12星座の中の1番目の星座ですから、海王星は165年かけて1周を経験し、「スタートラインの牡羊座に帰ってきた」という意味で、大きなインパクトを社会にもたらす可能性があります。**

牡羊座には、「冒険・勢い・単独行動・チャレンジ」といった意味合いがあります。12星座の中の最初の星座ですから、その意味合いも「心機一転」という言葉が似合うような意味が含まれます。

この現象を「時代の流行」につなげると、どうなるか——。ここからは完全に私の憶測になりますが、欧米でその開発が急ピッチで進められている宇宙産業は、牡羊座にはピッタリのジャンルだと感じます。

現在、NASAのような国家レベルのプロジェクトだけでなく、PayPalの創設者イーロン・マスクにより設立されたスペースX社などの民間企業のロケット開発も盛んです。現在執筆している2016年11月時点では、2022年には80日間の火星旅行

海王星の動きと史実の関連

期間	星座		関連
1942年10月4日～1955年12月24日	天秤座	➡	ニュールック（C.ディオール）
1955年12月25日～1970年1月4日	蠍座	➡	ヒッピーブーム ミニスカート カラーテレビ
1970年1月5日～1984年1月18日	射手座	➡	グローバリゼーション
1984年1月19日～1998年1月28日	山羊座	➡	OA機器
1998年1月29日～2011年4月3日	水瓶座	➡	インターネット
2011年4月4日～2025年3月29日	魚座	➡	精神世界
2025年3月30日～2038年5月21日	牡羊座	➡	宇宙（筆者予測）

も実現する予定といわれています。

ただし、火星旅行はおよそ2000万円とまだまだ高額で、大衆化には少し時間を要すると思いますが、そう遠くないタイミングで実現するのは容易に予想できます。また、現在のパソコンのおよそ1億倍の速度で演算できる次世代の量子コンピュータによる人工知能も実用化される可能性が高いのではないでしょうか。

このように、現時点では高額であったり開発途上にあるものでも、「牡羊座」のキーワードから、「将来、どういったジャンルが流行し、大衆化するか」を予測するのが起業家の腕の見せ所でしょう。

宇宙やコンピュータ関連に関わらず、あらゆるジャンルで牡羊座のキーワードに合致する次世代のサービスや商品は見つかるはずです。大衆化する前に参入し、「先行者利益」をとれるジャンルをぜひ見つけてみてください。

「幸運の天体」から短期的な発展内容を押さえる

1年単位の流行は木星の星座をチェックする

これまで見てきた冥王星や海王星は、1つの星座に10年以上滞在しますから、「大きな時代の流れ」を見る時は便利ですが、「今年1年はどうなるのか?」といった、短い期間での判断には向きません。

そこでもう1つ天体を紹介します。**別名「幸運の天体」と呼ばれる「木星」**です。

なぜ木星が幸運の天体なのかというと、占星術では、木星には**「拡大・増殖・発展」の効果があるといわれている**からです。

つまり、お金にまつわる星座に木星がいると金運が、人にまつわる星座にいると人脈が、ビジネスにまつわる星座にいると仕事量が、それぞれ発展的に拡大する効果が木星にはあるのです。

ただ、木星の拡大作用は本当に効果が大きいので、「仕事量が増えすぎて過労で倒れてしまった」など、「増える＝幸運」と必ずしもならないケースもあります。

そのようなイレギュラーを除けば、基本的に木星は、その星座にまつわることをどんどん増殖させ、発展させてくれます。

ですから、**「木星が入っている星座にまつわることを上手に活用できれば、あなたの人生もより発展させやすくなる」**といえるのです。

星座別に見る発展しやすい内容

木星は太陽の周りを1周回るのに12年かかります。

ですから12星座でいうと、1つの星座に1年間滞在します。時代や社会が、1年ごとにその星座のテーマへと大きくシフトし、拡大していくのです。

世の中がどちらの方向へ拡大する傾向にあるのかを前もって知ったうえで、今後の計画を立てていくことができるというのは、大きなアドバンテージになります。

現在執筆している2016年11月現在、木星は「天秤座」に滞在しています。木星が天秤座に入ったのは2016年9月なので、そこからおよそ1年間は「天秤座にまつわること」をより拡大してくれることになります。

後述しますが、天秤座は「対人関係・客観的・洗練・おしゃれ」などを意味します。特に、出会いや人脈の拡大を求めている人は、木星が天秤座に滞在しているうちがチャンス。ぜひ洗練した身なりで、人が集まる場へ出かけましょう。

以下、この天秤座を含めて、星座別のアドバイスを紹介しましょう。

◉天秤座　2016年9月9日〜2017年10月9日

キーワード：対人関係、客観的、洗練、おしゃれ

主に人脈の拡大という特徴が出やすい時期です。より木星の拡大効果を高めるためには出会う人に対して偏見やこだわりを持たないことが重要になります。誰とでも分け隔てなく接することで、より多くの人脈や出会いのチャンスにつながります。

また、洗練されたおしゃれなものにも注目が集まりやすい時期ですから、あなたのファッションスタイルや持ち物、ビジネスをされているなら商品デザインやブランディングにこだわることで、より注目されやすくなります。

●蠍座　2017年10月10日〜2018年11月7日
キーワード：親密さ、粘り強さ、マニアック、継承

人との心からの深いつながりが拡大しやすくなります。もし、あなたが「より仲良くなりたい」「もっと深く理解したい」という人がいれば、この時期に親密になるための時間をつくってください。

また、専門的ジャンルを深く研究したり、専門家に教えを乞うのも最適なタイミングです。社会的には、とてもマニアックで専門的なことに注目が集まりやすい時期になるので、何か1つを極めたようなマニアックな商品やサービスが世間の注目を集めやすいでしょう。

◉射手座　2018年11月8日～2019年12月2日

キーワード：向上心、外国、哲学、大ざっぱ

グローバルなことが発展しやすくなります。海外との交流や輸出入、外国語の習得に良いタイミングです。向上心とグレードアップもテーマになりますから、学びたかったことを実際にカルチャースクールに学びに行くのもよいでしょう。「人が生きるためにはどうあるべきか」といった哲学的内容を深掘りするのもオススメです。

なお、この時期は、あまり神経質にならずに、おおらかな振る舞いをする人が好感をもたれます。

◉山羊座　2019年12月3日～2020年12月18日

キーワード：経済活動、社会性、働き者、堅実

山羊座は「社会的に活躍する」という点で発展力を発揮します。と同時に世間全般も社会的ステータスや肩書きに注目する傾向にあります。この時期までに、「私はこういう者です」ということを実績とともに周囲に伝えられるかどうかで、得られる信頼感も変わります。社会的ステータスがない場合も、社会があなたの経済活動を後押ししてくれる傾向にあるので、ステータス向上を狙った行動をとってもよいでしょう。

◉水瓶座　2020年12月19日～2021年12月28日

キーワード：自由、友人関係、ビジョン、変革

新しいビジョンが拡大傾向になります。社会的なことから趣味レベルまで、新しい発想やアイデア、ビジョンを語り合う友人たちとの楽しい交流を楽しむにはとても適した時期です。現在の凝り固まったルールや考え方に対し、自由に意見を言い合える場が大切ですから、友人同士の会食の機会を増やし、未来を語り合いましょう。

また、既存の体制に対し変革を持ちかけるのにも最適な時期です。それが世の中や組織にとって必要なことなら、社会がバックアップしてくれます。

◉魚座　2021年12月29日～2022年12月19日

キーワード：共感、直感、芸術、霊能

精神的な感性がテーマです。共感力や直感力など人との一体感を感じたり、感覚的に良い悪いという直感が働いたりと、そういう感性の鋭さがクローズアップされます。

また死後の世界や霊的なこと、魂にまつわる話題も豊富になる傾向があります。

そのほか芸術的な感性も魚座のテーマで、商業デザインというよりも心の内面を描いたような芸術作品に注目が集まります。芸術系の趣味を始めてもよいでしょう。

●牡羊座　2022年12月20日～2023年5月16日
キーワード：冒険、勢い、単独行動、チャレンジ

世間からまだあまり評価されていないような業種やジャンルに対し可能性を見いだしやすい時期です。あまり深く考えずにひとまず行動してみるといったチャレンジ精神を発揮するのに最適ですから、高い目標に向かって行動することを実践してみましょう。また個人的なことでの楽しさが増大しやすいので、自分の好きなことに没頭したり、少々のワガママな行動はこの時期ならプラスに働きやすいでしょう。

●牡牛座　2023年5月17日～2024年5月25日
キーワード：五感、芸術性、物欲、マイペース

五感（触覚・味覚・嗅覚・聴覚・視覚）が喜ぶことに関して発展力が生まれます。これらの感覚が豊かになること、たとえば、おいしいものを味わったり、お気に入りの香りを楽しんだり、美しいと感じるものを鑑賞するのに最適です。

また、物欲が増大されますから、ショッピングの機会は増えそうです。ただ、物欲がそのまま金銭欲に向かう人もいるので、そういう意味では、「お金をより所持する」という意味にもなります。

◉双子座　2024年5月26日〜2025年6月9日

キーワード：情報、知性、多弁、多才、浅く広い

情報知性活動に大きな発展力が生まれます。教えたり、学んだりといった勉学にまつわることが発展しやすいでしょう。

「広く浅い情報」「知性の欲求」という意味では、国内旅行などを計画しても楽しいタイミングになります。人とのコミュニケーションや情報交換をより多くの人と繰り返し行なうことで、様々な情報を発展的に得ることができます。ただ、少々情報過多になる傾向もありますので、その点は注意してください。

●蟹座　2025年6月10日～2026年6月29日

キーワード：仲間意識、愛情、母性、束縛、家庭的

自分の仲間と思える存在を増やすのに最適です。人によっては、それが家族といった場合、出産・結婚という意味になるケースもあります。

何にしても、多感的な愛情が社会的にクローズアップされますし、多くの人もそれを求めるので、「おしどり夫婦」や「深い愛情」といったテーマに注目が集まるでしょう。「自分にとって最もリラックスできる仲間を集める」ということをテーマに過ごすと効果的です。

●獅子座　2026年6月30日～2027年7月25日

キーワード：創造性、自己表現、自己顕示欲、自己中心

自己表現というテーマが増大します。この時期は「いかに自分の思いを表現できるか」に注目が向きます。ですから、日頃、自分のことより他人のことを優先している人も、この時期だけは自分をアピールすることをテーマに生活してみましょう。

それは、必ずしも自分自身が目立つ必要はなく、自分の作品や自分が生み出したものでもOKです。人によっては、それが法人という人もいるでしょう。「何かを生み出す」ということに発展力がつくのです。

◉乙女座　2027年7月26日～2028年8月23日
キーワード：仕事、潔癖、健康、完璧主義、批判的

仕事が増大しやすい時期です。「仕事」といっても、これは与えられる仕事なので、好きでもない作業も増えるという点で、少々窮屈感はあります。また、社会的には批判ムードになりやすいので、不完全で清廉でないことに関して騒ぎ立てる風潮も出てきます。ですから、この時期は勤勉をテーマにすれば、社会からの評価はとても上がりやすいでしょう。

健康にまつわる自己管理に着手するのにも良いタイミングです。

おわりに

古来から「時」を知る人はとても重宝されてきました。

戦国の時代であれば、軍師や陰陽師。近代であれば、時の流行を先読みし、斬新な商品やサービスを提供する世界的なデザイナーやビジネスパーソンなどがそれにあたるでしょう。

どんな方法であれ「時」を理解するということは、それだけで人生を楽しくし、生産性を高めてくれる知識になります。

ここまで占星術の中でも比較的生活に取り入れやすい「運のいい日」の見つけ方を中心にお伝えしてきましたが、この「タイムディレクション」は、とても奥深く、私たちが生きるうえでのヒントを様々な形で示唆してくれます。

私は、このタイムディレクションのおかげで人生の流れをより良い方向へと整えることができました。

10代、20代の頃、人間関係や金銭関係のトラブルに度々見舞われた私は、「自分はなんて運が悪いんだ……」と思っていました。

社会に出て、仕事でそこそこの評価を得ていても、どこか自分の人生に納得がいきませんでした。「自分の人生はこんなハズじゃない……」という漠然とした感覚です。

そんな時、尊敬する経営コンサルタントの方が「ビジネスに占星術を活用している」という噂を聞いて、私は占星術を学び始め、しばらく経ってからある事実に気づきました。

「何をやってもうまくいかないと感じていた理由はこれだったのか！」

占星術のデータをもとに過去を振り返ると、自分の行動と、占星術が教えてくれる宇宙のリズムが一致していなかったのです。

「それならば！」ということで、宇宙のリズムに合わせた生活を実際に送ってみることにしました。

その大きな一歩が会社からの独立です。

当時の私は、アパレル会社で取締役という役職を任命され、業績もそれなりに上げていました。

ただ、占星術で自分の人生についてリーディングしてみると、**「今は会社勤めをしている時期ではない！」**とはっきり感じたので独立を決意したのです。

それからというもの、休む時間や恋愛をする時間もつくらず、常に仕事に邁進し、努力し続けていた私の人生スタイルが変化し始めました。

組織の中で朝から晩まで働き続けるワーカホリックだった昔の自分に比べると、宇宙のリズムに合わせた生活というのは、まるでリハビリ生活を送っているような感覚でした。

「努力すべき時」と「力を抜くべき時」の区別できるようになった頃、不思議なことが起こりました。力を抜いている時間が増えているにも関わらず、業績が上がり続けていくのです。

プライベートの時間も充実し始めました。友人や楽しい時間がどんどん増えていき、人生を共に過ごす最良のパートナーとも出会うことができたのです。

おかげさまで、そうした状況は現在までずっと続いています。

「占星術はオカルトだ」と思う方もおられるかもしれません。

そうした気持ちを持つことはわからなくもありませんが、そのじつ、近代の科学技術の陰で見えなくなってしまっていた地球と宇宙のリズムをわかりやすく教え、私たちが本来進むべきだった人生を照らしてくれる便利なツールでもあるのが占星術なのです。

「占星術をベースに、宇宙のリズムに合わせた人生を送ると、これほど楽に生きることができるんだ！」

かつての私がそうだったように、「自分はなんとなく人生を逆流の中で進んでいるようだ」と、生きることに難しさを感じている人ほど、占星術を生活に取り入れて以降、その効果を大きな驚きとともに実感しやすいようです。

「人生を豊かにしてくれるツールが世の中にはある」ということを多くの人に知ってもらいたくて、「タイムディレクション」というテクニックを本書にまとめました。

あなたがよりあなたらしく、より素敵に輝く人生になるための知識として本書を活用していただけると幸いです。

最後に、この場をお借りして感謝の言葉を述べさせていただきます。

日本実業出版社の皆さまと編集を担当してくださった佐藤美玲さん。

本書を書き上げるまでに多くの経験と気づきをくださったクライアントの皆さま。

様々な形で応援をしてくださった友人や先輩の皆さま。
お力添えくださり、ありがとうございます。
最後に、一番近くで私を支えてくれた家族と妻・実津衣に、心からの感謝を捧げます。

2016年　秋の実りを感じる「スタートによい日」に

タイムディレクター　柳川隆洸

柳川隆洸（やながわ　りゅうこう）
株式会社Furyu代表
TimeDirector
1978年大阪生まれ。神戸芸術工科大学卒業後、アパレル会社に入社。インターネット物販が今ほど認知されていない時代に、アパレル販売サイトを立ち上げ、3か月で月間売上1,000万円を超す人気店に成長させ、入社後わずか6か月で部長に就任。2つのブランドを1年でインターネットだけで年間売上5億円超へと成長させる。自社ブランドの上場会社へのM&Aや取締役を経て独立。
蓄積したWEBマーケティングの知識を体系化し、社会人向けの起業スクールを立ち上げるかたわら、これまでの自身のビジネス活動で活用していた占星術が人生とビジネスを大きく発展させてくれると確信。占星術を「より良く生きるための優れたツール」としてサービス提供を開始する。
完全紹介制で始めた占星術セッションは口コミで評判がひろまり、著名人や経営者など各界のリーダーをはじめ、1,000名以上の人のコンサルティングを行なう。
また「あなたの未来がわかる手帳」として「TIME DIRECTION CAL」という完全パーソナルなカレンダーを発行し、人気を博している。
http://www.timedirection.com/

いつ始《はじ》めればいいか？
願《ねが》いがかなう・目標《もくひょう》が実現《じつげん》する「運《うん》のいい日《ひ》」がわかる本《ほん》

2016年12月1日　初版発行

著　者　柳川隆洸
発行者　吉田啓二

発行所　株式会社日本実業出版社　東京都新宿区市谷本村町3－29 〒162-0845
大阪市北区西天満6－8－1 〒530-0047
編集部　☎03-3268-5651
営業部　☎03-3268-5161　振　替　00170－1－25349
http://www.njg.co.jp/

印刷／壮光舎　製本／若林製本

この本の内容についてのお問合せは、書面かFAX（03－3268－0832）にてお願い致します。
落丁・乱丁本は、送料小社負担にて、お取り替え致します。

ISBN 978-4-534-05448-7　Printed in JAPAN